MINE
マイン

総時価総額100兆円、利用者数1億人。
ついに動き出す金融革命。
「マイニング経済圏」は世界を変えるのか

George・S
ジョージ・S［著］

中上分維［訳］

冬至書房

「貨幣」は「言葉」に近いものでもある。

ユニバーサルな言語コミュニケーションを可能にする音声認識技術と、「世界の旅人」である仮想通貨の技術がタッグを組むことで展望される経済圏の可能性は、とてつもなく大きい。

僕は、この可能性を含めて《マイニング経済圏》と呼んでいる。

訳者序文

ジョージは「仮想通貨」の日本での扱われ方を心配している。一方には比較的しっかりした「技術論」や「技術入門書」があるが――こちらは少数派だ――一方では「投機」を含む金融商品の「銘柄名」の一つとして「仮想通貨」が躍っている。極端すぎて見てられないよ、とジョージは言う。

ジョージは株式投資にも詳しいから、金融 finance や金融投資（「投資」のうち、物的投資ではないもの）を、決して否定するような人間ではない。株式だって「配当」や「含み益」などなど、金融商品的な「メリット」があって、これだけ多くの人に受け入れられている、それがダメだと言ってるんじゃないので。誤解されると困るんだけど。ヘッドフォンの向こうでジョージが苦笑いしているのがわかった。

株式投資という仕組み、オンライン通信技術を含むシステムやオンライントレードの技術的側面を理解できたから株を始めたという人はいない（なかにはいるかもしれないが）。

「メイキング・マネー」できる魅力があるから株の相場も成り立っている。仮想通貨も、そこは同じ魅力が注目されても当然ではある。

しかし、仮想通貨は歴史の長い株式と違って、生まれたばかりの「よくわからない」技術であり、これから世界に受け入れられるのか、どのように受け入れられるのかは、まだ《未知数》な部分が大きい。

私にとってジョージは、この《未知数》に賭けようとする冒険家であり、ビジョニストである。

ジョージは、この「ビジョンとしての未知数」と、その可能性についての話が日本からあまり聞こえてこないことを心配している。

私がジョージを知ったのは、一通のメールを通してのことだった。私のところには職業柄、毎日のようにさまざまなプロジェクトのオファーが届くが、そのなかで一際光るものを感じさせたのが、ジョージが書き送ってきたメールだった。

そこには、ある新しい通貨の構想と、それを実装するにはどうすればいいか、計画のコアに当たることが書かれていた。彼は後にこの構想を〝MINE〟と名づけている。

このジョージのメールを読んだとき私は、サトシ・ナカモトとは、ジョージなのではないかと思った。それほどに彼のメールは光っていたのだ（サトシ・ナカモトについては序文の最後にある注釈を参照）。

これは本物だと確信した私は、彼にこの構想がまとまったら日本語に翻訳させてほしいと懇願した。さらに翻訳を進めるあいだに、ビジョンとしての未知数＝仮想通貨の、日本を含む現状について、彼の意見を聞かせてほしいと頼んだ。

その後、しばらくしてジョージの「MINE構想ドキュメント」は、2014年の夏にメールで送られてきた。それは期待したとおり驚くべき内容だった。ちょうどニューヨーク州で「Bit License ビットライセンス」が発表され、サトシ・ナカモトらのサイファー・パンクたちの意向とは、少し異なる方向に流れが変わり始めたころのことだ（「Bit License ビットライセンス」は、仮想通貨を用いた事業に免許制を導入する法律として2015年8月に施行された）。

ジョージが注目し、彼の構想がコア技術として選びとった「イーサリアム」の開発が本格化し始めた時期と重なる。

初めはこのジョージのドキュメントだけを訳出して、ディストリビューターとしての仕事を日本で成功させることだけを考えていた。しかし、実証実験に至るまでの間に、もっと広い層にこのアイデアを知らせるべきだと、考え方が変わっていった。ジョージはもともとそのつもりだったようだ。それからジョージとの《未知数》をめぐるやりとりが何度か繰り返された。いま現在もそれは続いている。

そういうわけで本書は、２０１８年1月、日本で起きた「コインチェック事件」なども含め、彼から聞き出した話を〝ＭＩＮＥ〟構想の概要説明の前後に織り込むかたちでまとめたものになった。

より幅広い層の読者も想定して、ジョージでなくても語れそうな解説的な話には、私が翻訳の過程で織り込んだものも含まれる。またネット電話で聞いたジョージの見解を訳した部分は、わかりづらい部分があるかもしれないが、その責任はすべて私にあることをお断りしておく。

日本で起きている話や日本人識者の意見、日本語で書かれた本や日本のニュースサイトに書かれた内容などは、私がジョージの意見を入れながら書き入れたものだ。

日本語での会話に不自由はないが、漢字が苦手なジョージは、抽象的な概念は英語で書いてくる。それをこなれた日本語にする力が及ばないときは、ついカタカナを多用したり、英語をそのまま使ってしまったところもある。読みにくいところがあるとすれば、すべて私に責任があることを重ねてお断りして読者の御寛恕《ごかんじょ》を願う。

中上分維

（注）Satoshi Nakamoto（サトシ・ナカモト）の名前が現れるのは、2008年、metzdowd.com内の暗号理論に関するメーリングリストに投稿された電子通貨ビットコインに関する論文からだとされるが、実在の人物であるかどうか謎のままだ。いわゆる「サトシ・ペーパー」とよばれる"Bitcoin: A Peer-to-Peer Electronic Cash System"をウェブ上に公開、ビットコインに始まる仮想通貨の技術である「ブロックチェーン」を作り出した人物とされる。個人名なのではなく、グループの名称として使われたのではないかという説もある。なお、ブロックチェーン技術は「オープンソース」として誰でも自由に改良し自由に利用できる。

はじめに

この本は、２０１４年にひらめいた僕のアイデアをまとめたドキュメント――その概要を含め中上氏が日本語にしてくれた――を中心に、すでに「マイニング」を始めている日本の人々と、「マイニング、何それ？」「初めて聞く言葉だ」という日本の人々と両方に向けて書かれている。

普通こういう曲芸的なことはしないものだ。

ではいったいなぜそんな冒険を今回するに至ったのか？

その理由は僕のアイデアである「ＭＩＮＥ構想」自体そのものが、ある種そういうハイブリッドな概念だからだ。

本書で日本に住む人々にも広く知ってほしいと願っている僕の構想「ＭＩＮＥ」をコアとする《マイニング経済圏》は、マイニングに詳しい人にも、マイニングなんて言葉を知らない人にも、同様の資格で参加可能な仕組みになっている。

アフター・ビットコインになることが確実なイーサリアムをプラットフォームにこの経済圏は作り上げられていく。

MINEは僕の構想にもとづいて新しく発行された「通貨」だが、このMINEはただ単に「仮想通貨が、また一つ増えた」というだけのものではないことも本書を通じてお伝えしていくつもりだ。

MINE向けのMINEのためのマイニングファームが、すでに稼働している。日本でもDMM.comやGMOインターネットなどの大手企業が、マイニングファームに出資したことがニュースになっているらしいが、僕が投資したマイニングファームは、時期的にも規模的にも、圧倒的に早く、スケールも大きい。

MINE構想をドキュメントにまとめる前に、ある小さなカンファレンスで構想をスピーチする機会があった。このときの僕の話に対する反響は、本人が驚いてしまうほど大きいものだった。このことがむしろ、僕を本気で構想に取りかからせることになったと言ってもいいくらいだ。

このカンファレンスをきっかけに、僕の構想の重要なファクターの一つであるマイニングファームに投資しようと言ってくれる人が次々と現れることになった。日本の企業よりも早く、より大きなスケールでファームの立ち上げができたのは、こういう幸運な偶然に助けられてもいる。

ＭＩＮＥ構想にとってのマイニングとマイニングファームの位置づけは、後述するが、さらにその先には、「ＭｏＴ：Mining of Things」という他にはないまったく新しい構想が控えている。

ＭＩＮＥ構想の到達点の一つと言っていい。

ＭＩＮＥ構想にとってのマイニングは、これまでのマイニングの作業的、コスト的ハードルを下げるだけのものではない、ということだ。

従来のマイニングによる成果以上のものを、より多くの人が得ることができることを目指し、「仮想ではない」新しい経済圏を実現したい。そして多くの人にとっての近未来の「資産形成（「富」を築くこと）」を可能にすることを目指すのが、アフター・ビットコイン＝「ＭＩＮＥ」構想であり、そのコアのコアとなるのが「ＭｏＴ」だ（「ＭｏＴ」については第４章でスケッチする）。

この構想をまとめながら、僕は同時にこんなことも考えていた。

1. そもそも「お金」とはいったい何なのか？
2. 100円を送金するのに2倍近くの「手数料」がかかるのはなぜか？
3. 「投資」って何なのか？（本当にわかっていたのだろうか？）
4. 「資金調達」の「資金」とは？
5. AIシンギュラリティと、かぶるのか？

僕はこれを、「クリプトカレンシー crypto currency（訳者注：英語圏では日本語で仮想通貨と訳されるヴァーチャルカレンシーより一般的に使われる。日本語で暗号通貨）が要請してくるリバースエンジニアリング」と呼んでいる。

どれもいつもはあたりまえの空気のようなもので、クリプトカレンシーを知るまで疑問に思ったりすることはなかった。でも、これはそういう問いを求めてくる凄さを持っているものだ。僕はそうひしひしと感じていた。

言わば、この新しい通貨が、アタリマエと思ってきた僕らが生きるこの世の中の仕組みを、リバースエンジニアリングすることを要請している、と思ったのだ。

たとえさほど深い理解に達していなくても、アプリケーションとしての通貨の仕組みを、空想を含めてもいいので、どんな世界で、どんなことができるようになるのかを、イメージしようと自分のアタマを動かして考えると、かえって今現在の「お金」についていろいろなことが、もっとクリアに見えてきたりする。これを僕は広い意味でのリバースエンジニアリングと呼んでいる。

「ＭＩＮＥ」構想は、この要請に対する、まだ１００％とは言えないけれども、僕なりの回答にもなっている。もちろんこれはもはや空想ではなく、実証実験も終わっている。詳しくは、第４章に概要をまとめた。

ただ、いまの世界をより良いものへと変える可能性を秘めたこの構想の素晴らしさを、より多くの人にわかってもらうためには、そもそもカソーツーカについてイメージを共有しておく必要がある。世界中で書かれている解説書とは、たぶん僕のカソーツーカはちょっと違っているはずだ。

その違いをシェアしてもらうためにも、まずはクリプトカレンシー――日本語では

「暗号通貨」よりも「仮想通貨」が一般的に使われているらしい――のおさらいから始めよう。

すでにマイニングしている人にも、そうでない人にも、名前だけは知っているという人にも、役立つこと間違いなしである。

この本は、お金の未来がもうすでに過去の延長線上にないと気づいている人たちに向けた新たな可能性への招待状だ。

ジョージ・S

MINE

総時価総額100兆円、利用者数1億人。ついに動き出す金融革命。「マイニング経済圏」は世界を変えるのか

目次

第2章 21世紀にふさわしい経済圏とは

第3章 僕らの新しい経済圏をつくる

第4章

ついに動き出す金融革命「MINE構想」

第5章 マイニング経済圏が実現する近未来

おわりに

編集協力　岡田啓司
DTP　荒木香樹

第1章

世界がまだ知らない「仮想通貨」の〈真価〉を求めて

お金が、抽象的なものであることは、はっきりしている。お金は、商品やサービスと交換され、渡されうる、あらゆるもの（を乗せうる乗り物）だ。そして、お金自身は、消費されない。なぜならお金は、商品やサービスを買う（抽象的な）力の、ほんの一時的な仮の住まいにすぎないのだから。

——ミルトン・フリードマン

なぜ、日本語漢字で「仮想通貨」と書くのか？

僕は「仮想通貨 Virtual Currency」という呼び方がちょっとひっかかります。日本の読者のために書かれる本ですから日本で定着し、日本で一般的に通用している言葉を使うべきだというのは当たり前のことなので、おおむね「仮想通貨」に表記は統一しますが、ときどき別の言い方をそのままにしている箇所があっても、それはたんに僕の癖だと思って許していただければと思います。

ただ、呼び名にこだわってみたいのは、たんに僕の癖だという以上の理由があります。あれこれと名前を考えてみるということは、何よりも「仮想通貨」の真価にアプローチできる、もっとも簡単な方法だという思いがあるからです。

いったい「仮想通貨」というものには、何ができて、何ができないのか？　そして日本の「円」や米国の「ドル」やフィリピンの「ペソ」などにできないことは何か？　円やドルやペソにできないことは何で、仮想通貨ならできること、仮想通貨が実現できることはどんなことなのか？

ほかならぬ僕のＭＩＮＥ構想は、この仮想通貨でなければできないことをはっきりさせ、それを実現実装しようという思考から生まれました。呼び名についての僕のなかでのベストは、「拡張通貨」です。別にこの呼び名を「仮想通貨」にとって代えたいという気持ちはさらさらありません。

これまで、そして今も普通にみんなが使っている日本なら円、アメリカならドル、フィリピンならペソにはできないこと、これらの通貨がいまだに持てずにいる便利さや、実現できていない「機能」を持ち、発揮できるようにする新しい通貨を作り出すと考えれば、それは従来の通貨の機能を拡張するものだという意味で、「拡張通貨」のほうがしっくりくるというわけです。

こういった通貨の本質に関わるような話ではなく、アメリカでの「仮想通貨」をめぐる動きの日本への影響というものもあるだろうと思います。

英語圏では「Crypto Currency クリプトカレンシー（日本語で「暗号通貨」）」と言うことがほとんどで、少なくとも僕の周りでは「Virtual Currency ヴァーチャルカレンシー」という呼び方を使う人はめったにいません。これはあくまで僕の推測ですが、日本に「仮想通貨」の話題が入ってきたのが２０１４年以降だからではないか、と思っています。

この年、ニューヨーク州の金融局が「ビットライセンス Bit License」というものを制定しています。その文書には確かに「ヴァーチャルカレンシー」という語が何度も使われています。

New York Codes, Rules and Regulations
Part 200 Virtual Currencies（https://govt.westlaw.com/nycrr/Browse/Home/NewYork/NewYorkCodesRulesandRegulations?guid=I7444ce80169611e594630000845b8d3e&originationContext=documenttoc&transitionType=Default&contextData=(sc.Default)）

この文書では

receiving virtual currency for Transmission or Transmitting virtual Currency, except where the transaction is undertaken for non-financial purposes and does not involve the transfer of more than a nominal amount of virtual currency

「ヴァーチャルカレンシー」、日本語漢字で「仮想通貨」が何度も使われており、Crypto Currency は一度も使われていません。

これはアメリカの通貨と通貨に関連する情報技術、とくに暗号技術に関連する歴史が大きく関わっていると思いますが、歴史を知りたい人はその手の本を読まれるといいでしょう。しかし、僕の関心は言うまでもなく「技術としての通貨」にあります。

ともあれ「仮想通貨」という用語が日本に紹介され始めたタイミングは２０１４年以降であるというのが僕の推測です。

クリプトカレンシーは、どちらかというと技術的な側面にウェイトを置いた呼び名です。「仮想」も僕がまだ幼かったころに「仮想現実技術」とかが流行したそうなので、これを知ってる人は、すぐに技術だと思えるのかもしれないですが、僕としては「仮想」というなら、いまポケットの中の「財布に入っている紙幣やコインも仮想じゃないか」と言いたくなるわけです。

そういったことも含めて、現在の通貨（円とかドルとかペソとか「法定通貨」）にできないこと、クリプトカレンシーだからこそ技術的に実現できること、その両者をはっきり区別して表現できる呼称のほうがいい、という思いが強いわけです。しかし、そういう僕にもなかなか思いつかず、「オプショナル通貨」とか「ファンクショナル通貨」とか「スマート通貨」とかいろいろ考えてはみましたが、一般に通用しないなら仕方がありません。いっそのこと「新通貨」とか「サトシ通貨」とか「ｂｉｔ通貨」とかでいいじゃないかと思ったりもします。そして結局、ゆきついたのが「拡張通貨」だったわけです。

「暗号化」と「匿名性」による勘違い

暗号通貨という漢字も僕に言わせるとイメージ的にイマイチです。何かを隠す、人に知られたくないといったちょっとダークなイメージがぬぐえないからです（暗号学や暗号技術に関心がありクロスワードパズルを解くのが好きで、といった人にはそうではないかもしれないですが)。

僕自身、エドガー・アラン・ポーの〝The Gold-Bug〟(『黄金虫』)やコナン・ドイルの〝The Adventure of the Dancing Men〟(『踊る人形』)、ジョン・チャドウィックの〝The Decipherment of Linear B〟(『線文字Bの解読』)などを子供のころに読んでワクワクするほど面白いと思ったほうなので、クリプトカレンシーと言えばそういう技術、暗号法から発達した暗号理論のアプリケーションとしての通貨だ、とピンとくるので仮想通貨よりはマシかもしれません。ともあれ、英語の「クリプトカレンシー」には漢字の「暗」というイメージはありません。

仮想通貨においては「暗号化」と「匿名性」という言葉が同じレイヤーで扱われ、いろいろな勘違いが起きていますが、ここは重要なのではっきり指摘しておきます。あなたの財布に入っている千円札や一万円札にあなたの名前とか住所、電話番号とか書いてありますか?

防犯カメラにレジの前で勘定をすませる姿が写っているとしても、あなたが誰で、何をいくらで買ったか、お金を誰に渡したか、そうした「取引」の記録はどこにもなく、どこにも公開されてはいません。お店側のPOSデータに何がどれくらい売れたかというデータが記録されているだけです。日本で流通している通貨「円」もアメリカの「ドル」もフィリピンの「ペソ」も、紙幣やコインは初めから「匿名」です。紙幣やコインから知ることができるのは「国名」だけでしょう。

さていろいろこだわってみましたが、初めに述べたとおり、日本の読者に読んでもらう本なので基本「仮想通貨」を使うことにします。ただときどき「クリプトカレンシー」を使うこともあります。そこは漢字が苦手な著者に免じてお許しいただければと思います。またここで「仮想通貨」という呼び名にこだわった理由も、その真価にアプローチするためのものです。

そもそも「仮想通貨」と呼ばれることになったアイデアを作り出した人物は、「サトシ・ナカモト」という日系人だとされています。彼が書いたペーパーを読むと、なぜ暗号技術が応用されるのか、その理由もわかってきます。

答えを先にお伝えすると、仮想通貨による取引の公平さ、信頼性を確保するために「マイニング」という作業が欠かせないものとしてあり、その作業（厳密には「プルーフ・オブ・ワーク」）をするために、「不特定多数」の「マイナー（マイニングする人)」が自由に自発的に参加しているからです。

彼らは、サトシが作り出した「ブロックチェーン」=サイバー空間上の取引「台帳」を「共有」してプルーフ・オブ・ワークをします。取引の履歴は、ここに確実に記録されています。その取引に二重支払いやごまかしがないことをチェックするのが彼らの仕事=プルーフ・オブ・ワークです。「ピア・トゥ・ピア」と呼ばれる通信方式によって「台帳」を共有しているため、どんな取引があったかを見て確認することはできますが、具体的にどういう名前の人物が、どういう名前の人物を相手に、どんな内容の取引をしたかを知ることは決してできません。暗号化されているからです(取引高=数値はわかります)。

サトシ論文から読み解ける多くの事実とは

通称「サトシ・ペーパー」と呼ばれる「仮想通貨」を技術的に可能にしたサトシ論文"Bitcoin：A Peer-to-Peer Electronic Cash System"は、あるメーリングリストに投稿されたとされています。

投稿された日付は2008年11月1日、同年9月15日に起きた「リーマンショック」から数週間後のことで、アメリカ発の「金融危機」の最中でした（サトシ論文は現在、PDF化されておりウェブから誰でも読むことができます）。

世界初の仮想通貨Bitcoinは、そのコア技術である「ブロックチェーン」によって実現されています。この「ブロックチェーン」とは何かについて詳細は、日本語でもわかりやすく書かれた解説書がたくさん出ているそうなのでそちらをお読み下さい。

サトシ論文のなかで僕が重要だと思うことの一つは、この「ブロックチェーン」技術が「オープンソース」として公開されたということです。

「オープンソース」は、使用権料や著作権料などの権利を一切主張せず、権利料を求められることなく、誰でも自由に改善し発展させて、活用できる「ソース＝プログラム」という意味です。ちなみに、ブロックチェーンによってビットコインでの取引を公正に実行する＝実装する仕組みは「C＋＋」というプログラム言語で書かれています。サトシがペーパー上で、不正が行われない確率が限りなく100％に近いことを示すために書いたプログラムは、プログラミング学習者なら誰でも最初に学ぶ「C言語」で書かれています。

そして、このオープンソースがあることのおかげで、ＭＩＮＥ構想も「イーサリアム」というビットコインから派生したブロックチェーン基盤を使って実装することが可能となります。

これまでは技術の理解能力と実行力が大事だったように思います。もちろんそれらが重要な前提ですが、これからは仮想通貨を活用してどんな世界を実現したいのかというビジョンの勝負になってくると考えています。

ＭＩＮＥ構想によるさまざまな仕組みや、ツールなどは、ビットコインのオープンソースを改良発展させたのがイーサリアムであるように、そのイーサリアムの構想にもとづいて、さらに改良発展させたシステムによって稼働します。これについては第3章で、もう少し詳しくふれます。

もう一つ注目しておきたいのはサトシ・ペーパーのタイトルです。サトシ・ナカモトは論文では Electronic Cash とだけ言っていて、クリプトカレンシーという呼び名もヴァーチャルカレンシーという呼び名も使っていません。

Electronic Cash は日本語に訳すと「電子現金」が近いでしょう。日本語でも

サトシ・ペーパー

Bitcoin: A Peer-to-Peer Electronic Cash System

Satoshi Nakamoto
satoshin@gmx.com
www.bitcoin.org

Abstract. A purely peer-to-peer version of electronic cash would allow online payments to be sent directly from one party to another without going through a financial institution. Digital signatures provide part of the solution, but the main benefits are lost if a trusted third party is still required to prevent double-spending. We propose a solution to the double-spending problem using a peer-to-peer network. The network timestamps transactions by hashing them into an ongoing chain of hash-based proof-of-work, forming a record that cannot be changed without redoing the proof-of-work. The longest chain not only serves as proof of the sequence of events witnessed, but proof that it came from the largest pool of CPU power. As long as a majority of CPU power is controlled by nodes that are not cooperating to attack the network, they'll generate the longest chain and outpace attackers. The network itself requires minimal structure. Messages are broadcast on a best effort basis, and nodes can leave and rejoin the network at will, accepting the longest proof-of-work chain as proof of what happened while they were gone.

1. Introduction

Commerce on the Internet has come to rely almost exclusively on financial institutions serving as trusted third parties to process electronic payments. While the system works well enough for most transactions, it still suffers from the inherent weaknesses of the trust based model. Completely non-reversible transactions are not really possible, since financial institutions cannot avoid mediating disputes. The cost of mediation increases transaction costs, limiting the minimum practical transaction size and cutting off the possibility for small casual transactions, and there is a broader cost in the loss of ability to make non-reversible payments for non-reversible services. With the possibility of reversal, the need for trust spreads. Merchants must be wary of their customers, hassling them for more information than they would otherwise need.

「キャッシュで払います」と使いますが、ポケットや財布に入っているコインや紙幣を想定して、いつでも必要なときに、かつ不正なしに「便利に正しく使える」ことを目指していたのだと推測されます。それも論文タイトルにあるとおり、金融機関などを間に介することなく、「直接的」に誰かから誰かへと、送金や支払い、入金ができる、つまりpeer to peerで実現すると言っているわけです。

しかし実際のところ、このpeer to peerは、わかりにくいです。わかりにくいというのはイメージしづらいということです。僕はこの説明をする際にいつもスカイダイビングのフォーメーションとメリーゴーラウンドを頭に浮かべます。

スカイダイビングのフォーメーションが「自律分散型」、つまりピア・トゥ・ピア、メリーゴーラウンドが、中心に金融機関などが管理者として存在する「中心集中型」です。

「自律分散型VS中心集中型（中央集権型）」というふうに説明する本が多いようですが、本当にこれで理解できるのかな、と僕はいつも疑問に思います。

この本は、通信技術やネットワーク技術の解説をする技術書ではないので、できるだけ簡単に済ませますが、サトシ・ナカモトの「ブロックチェーン」の肝の一つは、これなので一応頭に入れておくほうがいいと思います。暗号技術ももちろん重要ですが、本書は技術解説が目的ではないので、こちらには深入りしないことにします。

ブロックチェーンは peer to peer とマイニング

僕らはインターネットにつながって何かしているときは「クライアント・サーバー・システム」のなかにいます。

あなたのスマホなりノートパソコンやタブレット、そしてデスクトップPCが「クライアント（サービスを要求し受け取る、お客様）」です。その端末に立ち上がったブラウザの検索窓から、見たいサイトの関連語を検索するとURLがたくさん出てくる。これだと思ったリンクをクリック（タップ）するとそのサイトが開くのですが、これらのサイトを構成するファイル、文字テキストも、動画も、写真も、画像もアイコンも音声も、「サーバー（サービスを提供する店の主人。ビールサーバーをイメージしてもよい）」上に置かれています。そしてデスクトップならプロバイダー、スマホなどならキャリアと契約しているからこそ、それらのファイルを呼び出し、画面で見たり、ファイルをダウンロードできたりするわけです。

あとで述べる「マイニング」もネット上で「通信している」というところの基本は同じですが、通常の接続と違うのは、あなたのパソコンと誰かのパソコンが「直接」情報のやりとりをしていることだと思って下さい。中央で管理している機関が存在しないというのは、この「直接」ということです。「クライアント・サーバー・システム」になぞらえて言えば、マイニングに参加しているコンピュータ相互が小さなサーバーだと考えてもいいです。ピア・トゥ・ピアでネットワークされているコンピュータは、お互いがお互いにとってサーバーであり、何か支払いを受け取るような場合は、クライアントでもある。関係が固定されていないということになります。

peer to peer の「ピア peer」は、「同僚」とか「仲間」という意味です。あくまでイメージですが、身近な例としてはオフィスでスタッフ同士、内線で何かを伝えあうとか、タブレットに文書を表示して、確認のために相手の席までタブレットを持って行くという光景は、この peer to peer の「直接」性を理解するヒントになると思います。しかし、フロア全体を管理する「上司」のような人は、いません。つまり「中心」は存在しません。

でも誰かが「この指とまれ」とか「ここにいるからデータ送って」とか言わないことには何も始まりません。それはそうです。いったんこのピア・トゥ・ピアの仕組みが動き始めると確かに「中心」はありません。しかし仕組みを起動するための「言い出しっぺ」はもちろん初めに存在します。

この言い出しっぺのことを僕はInitiative（イニシアティブ）と呼んでいます（訳注：一般には仮想通貨の「開発者コミュニティ」などと呼ばれる。このInitiativeは著者独自の使い方で日本語にしにくく英語のまま表記した）。「コインチェックNEM盗難事件」へのコメントの節で、ネム財団のとった行動について表に出るべきではない、と言っているのはこのInitiativeのことです。仕組みが動き始めたら、イニシアティブは消えるべきなのです。

さて、あらためて調べてみるとこのpeer to peerを使った仕組みが、日本で比較的話題になった事件が、仮想通貨など誰も知らなかった時代に一度起きていました。「Winny事件」です。これについては、「コインチェックNEM盗難事件」へのコメントの節でふれます。

「信用」は技術によっても作り出すことができる

「信用」というものは、「仮想通貨」であれ、「円」や「ドル」や「ペソ」であれ、その大切さには変わるところはないはずです。

日本語では「信頼」「信用」はほぼ同義に使われますが、とくに事業での取引など、通貨がつきものの経済活動の分野では「信用」を使うことが多いようです。

英語で「トラスト・ミー」というと、「大丈夫、俺を信用して付いてこい」といった意味です。会社での人間関係における信用、家族相互の信頼感など、通貨以前のモラルにふれるようなところで大切なものであることは言うまでもありません。

しかし通貨についての「信用」は少し違った意味で使われています。

その「お金」の価値は、どういう仕組みによって、それを使う人々が信用するに値するものになっているのか、という話です。昨日１００円で買えたものが、次の日には「お客さん、それでは買えません」となったら、その通貨に対する「信用」は崩れたことになります。ものの値段が、昨日と今日で倍も違うということは通常はありえません。物価上昇の話ではなく、通貨自体の価値が、なくなってしまう。それが「信用」崩壊です。通貨の価値が、乱高下しては困るのです。残念なことに仮想通貨は、投機マネーの流入によって、この乱高下に近いことが起きてしまいました。仮想通貨は、「円」や「ドル」や「ペソ」の相場に接触しない独立した経済圏で流通する仕組みを作ることができます。それによって仮想通貨も、通貨としての「信用」を形成していくことができます（MINE構想による《マイニング経済圏》は、この仕組みのことを言っています。これについては第4章をご覧下さい）。

さて、さきほどポイントだけ取り上げたサトシ・ペーパーについて、その主張を「トラストレス・トラスト trustless trust」という不思議な表現で要約されることがあります。

どういう意味なのか？　日本語に直訳すると「信用なしの（trustless）信用（trust）」です。わけがわかりません。

より一般的には「信用」について経済学の本や貨幣の歴史の本にはよく、それぞれの国の「中央銀行が発行する銀行券だから信用できる」というようなことが書かれています。しかし日頃、「円」や「ドル」や「ペソ」は、「信頼のおける各国の中央銀行のお墨付きだから、今日も安心して買い物ができる」とか、皆さん考えたことありますか？　ないと思います。では何が、「円」や「ドル」や「ペソ」の「信用」を支えているのか？　僕にはこれをきれいに説明する力はありません。

しかし、サトシ・ナカモトは、「信用」は技術によっても作り出すことができると言っていることは、彼のペーパーをよく読むとわかってきます。「トラストレス・トラスト」と要約されるサトシ論文の英語の対応箇所は、次のような文章です。導入部で、

> What is needed is an electronic payment system based on cryptographic proof instead of trust, allowing any two willing parties to transact directly with each other without the need for a trusted third party.

と述べ、結論部では、

We have proposed a system for electronic transactions without relying on trust.

と書いています。

導入部では、「第三者機関に頼らなくてもできる」と言っています。ここで「信用ではなく」と言っているのは前の文から「信用できる第三者機関」、金融機関であることがわかります。つまり「第三者機関に頼る」ことなく、通貨としての「信用」、公正かつ安全な通貨の流通は技術（ここでは暗号技術）によって可能だと言っているわけです。結論部では「必要なのは、信用ではなく暗号化された証明にもとづく電子取引システム」を提案すると主張しています。

ざっと読むと、人間は信用できない、技術のほうが信用できる、と言っているような印象を受けるかもしれません。あのリーマンショックの直後のことですから、そういうニュアンスもないとは言えないかもしれません。

しかし、この暗号技術を駆使して公正で安全な通貨の流通を支える具体的な仕組みは、機械＝高速演算処理能力を持つコンピュータと、マイナーと呼ばれる人々との協同作業、つまり第2章でふれる「マイニング」による「プルーフ・オブ・ワーク」なのです。

ＭＩＮＥ構想にもとづいて実現される「マイニング」は、これまでのビットコインで行われてきたものとも、イーサリアムで行われてきたものとも、ひと味もふた味も違う仕組みを提供しています。

あともう少し、ＭＩＮＥ構想発想の動機となっている、仮想通貨の〈真価〉をおさらいしておくことにします。

便利で豊かな世界を創出できる仮想通貨

日本の銀行預金の金利は、いま「０・００１％」だそうです。ネットバンクだと少し高いとか。フィリピンでは銀行口座が日本ほど普及していません。ですので、日頃この預金金利が話題になることはほとんどないです。話題になるのは、どちらかというと、誰かが誰かにお金を送るとき、受け取るときの「手数料」です。

多くの国の会社勤めの人は、給与振り込み口座が会社から指定されていて、振込手数料のことを気にしたりすることはあまりないでしょう。その代わりにどちらかというと、「金利・利子・利息」のほうが気になるのではないでしょうか。

会社勤めではない小さな事業者は、振込手数料はコストとして考えます。日本で言えば1円でも安いほうがいいに決まっています。

仮想通貨を「使う」ことのメリットの一つは、このへんにもあります。「チリも積もれば山となる」ような、小さな数字を意識しないと、手数料が限りなくゼロに近くなることが、メリット＝仮想通貨の真価であるとは、なかなか実感できません。

とりわけ、投機対象としてのビットコインに代表される仮想通貨が盛り上がってきた日本では、この仮想通貨にできること、仮想通貨の真価の一つについての実感は薄いはずです。そこには「仮想通貨が使えて助かった」というような新しいユーザーエクスペリエンスは何一つありません。

歴史の長い株式投資、比較的新しいFXなどの対象「銘柄」としてのカソーツーカを売り買いする人は急増したのかも知れませんが、「仮想通貨を便利に使う、こうすれば便利だ、便利に使えて助かった」「家族に送金できてほっとした」という経験をした日本人は、いったい何人存在するでしょうか？　一人もいない、と言ってもいいのではないでしょうか？

ところで仮想通貨では、手数料よりも、さらにさらにマイクロな数字、小さな数字、数学でいう「小数」がほかにも頻出します。

ほかならぬ仮想通貨自体の単位価値を表す数字です。各国の「円」「ドル」「ペソ」など法定通貨との換金比率を出し、これでたとえば「1イーサ」は「何円」と表示するときに、仮想通貨側には小数点以下の数字が並びます。

多くの人は現状、日本なら「円」にエクスチェンジするといくらになるか、だけに注目していますから、仮想通貨の単位価値が1以下の小数であることを、その絶対値がゼロコンマ以下であることは、ほとんど気にかけていません。

この話は、仮に「1円＝1ドル」だったら、世界の経済はどうなっているか？　ということに思いをはせることに近いのです。外国為替のレートでいうなら、仮想通貨は、現状のどんな国の通貨よりも「強い」、つまり価値が高いと言えるのではないでしょうか。ここで言いたいことは、仮想通貨の真価は、円やドルやペソに換金したときいくらになるか？　だけが気になるうちは、実感できないのではないか？　ということです。

各国に現在のような中央銀行が設立されるようになって、まだ百年と少ししか経っていません（ちなみに日本銀行の設立は1882年、アメリカの連邦準備制度が設立されたのは1913年）。しかし、それ以前から各国、各地域でそれぞれに固有の通貨、「自分たちの通貨」が使われてきたわけで、慣れ親しんだ自国通貨への固着があるのは、自然なこととも言えます。

では各国、各地域を超えて、通貨の価値の裏付けとなったことがあるものは、なんでしょう?

「金《きん》」や「銀」です。

僕は貨幣の研究者ではないので、これ以上のことを言及することはできませんが、円やドルやペソの歴史は、長いようで短く、もっと多様な通貨を自在に組み合わせて便利に使ってきた歴史のほうが、ひょっとして長いのかもしれないと思ったりします。そこにはそれぞれ独立の価値がありつつ、より自由に通貨を使い分けることもあったかもしれないと想像します。どんな通貨であれ、それは経済活動を円滑にしてくれる「便利なツール」であったことは確かだと思います。

その意味で、２０１４年以降に日本でも知られるようになった新しい通貨としての「仮想通貨」を、どのように「使う」のか、そして、より便利で、多くの人がより「豊かになれる」ようなツールとしていくことができるのかを、知恵を絞って考えることがあっていいと思うのです。

まさに僕のＭＩＮＥ構想も、そのような社会貢献に寄与するツールとして仮想通貨を生かしていきたいという動機から生まれたものなのです。

マイクロペイメントで手数料がほぼゼロに⁉

小数ではないですが、少額といえる振込手数料１６５円もチリも積もればで、小事業者には大きな負担であることは、小学生でもわかります。

たとえば従業員20人の場合、１６５×20＝３３００円。小さいですか？　一年12ヶ月だと約４万円です。

もう一つ、クレジットカードの手数料の話です。クレジットカードの手数料は５

パーセントで、これはお店側が負担しています。小さな飲み屋さんでクレジットカードが使えるところがほぼないのは、この手数料負担を嫌がるのが理由の一つでしょう。1万円の飲食をしてもらっても店の主に入るのは9500円。たった500円ですか？　これも小学生のように、いろいろチリツモ計算してみて下さい。毎日、毎月、一年と一人のお客につき、売り上げがマイナス5％というのがどれくらいの額になるか。

こうした手数料などの支払いを法廷通貨以下の単位で超少額決裁できる仕組みをマイクロペイメント Micropayment と言います。仮想通貨は、このマイクロペイメントにおける手数料コストを限りなくゼロに近くすることができます。

商売ではないですが、寄付をすることを考えてもいいです。街頭なら、100円硬貨を募金ボックスに入れることはよくあることだと思いますが、これをどこか遠く離れたところに送りたいときはどうですか？　100円送金するのに、165円の手数料を払うというのはありえないです。しかし、いまの仕組みでこれをやろうとすると、100円の寄付をしたいのに、265円を使わないといけないということになります。寄付をしたい対象が増えると、けっこうな抵抗感が生まれてしまいます。

商売の話に戻すと、ウェブで何か販売している人が、ある決済システムを利用するとします。仮に500円の商品が売れたとします。しかし、手元に入るのは約半分のお金でしかありません。決済手数料が250円ほどかかるからです。Amazon のような巨人なら平気かもしれませんが、小粒の事業家にはとても大きな損失です。

銀行口座を持つことが当たり前になっている国々では、より高い利子率とより安い手数料を求めて、銀行を選び口座を新しく作るということはあると思います。

一種の「資金移動」です。このように「移動させたい」と思う気持ちが、実は株価や外国為替相場の値動きを起こす一つの要因でもあります。

カソーツーカもこの「値動き（ボラティリティ）」のほうが話題になり、「取引所」まわりでいろいろと日本でも事件になっていることは、皆さんご存じのとおりです。

本書のコアであるＭＩＮＥ構想は、こうした「差益」を狙うものとは無縁です。投機的な「もうけ話」とは、まるでかけ離れたものですが、「富」を形成していく仕組みを実装しています。最初にも述べたとおり、将来的な「資産」形成（「富」を築くこと）につながっていくことを目指した構想です。

僕も株式投資はやっていますから、このＭＩＮＥ構想にとっての「投資」と他の投資と、どこがどう違うのかについても第3章にまとめたので、ぜひ参考にして下さい。「利ざやを稼ぐ投機的な投資」ではありません。

『貨幣の悪戯』が教えてくれた世界を変えるヒント

さてこのへんから話を、小さな数字から「大きな石」に移します。

これは前にふれた「信用」ということに深くリンクする話です。僕がミルトン・フリードマンの本から知った面白い話を紹介しておきます。「大きな石のお金」の話です。

僕は経済学が何かに役立ったと思えたことはほとんどないのですが、ミルトン・フリードマンの〝MONEY MISCHIEF：Episodes in Monetary History〟（邦訳『貨幣の悪戯』三田出版会）は、ずっと手元にあって折にふれつまみ読みしてきた本です。その冒頭に出てくるのが、ヤップ島の「大きな石」＝巨大な石の貨幣の物語です。

ＭＩＮＥ構想とその実装を考えるようになってからは、以前は南洋の島の探検記の

ミルトン・フリードマン『貨幣の悪戯』英語原書

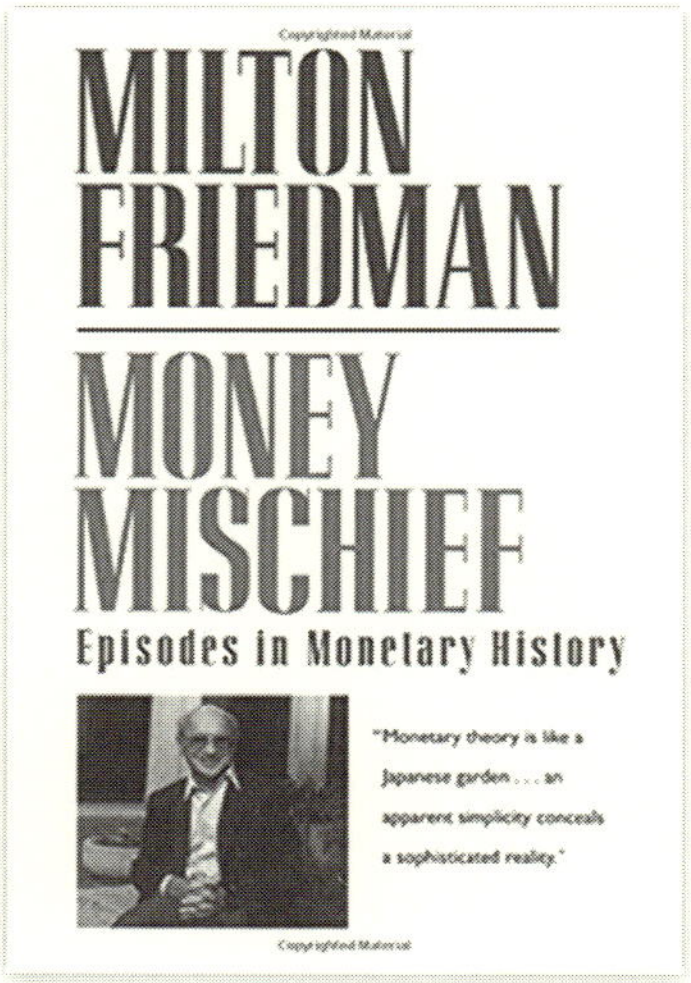

ジョージが本気で読んでる経済学の本はこれ一冊らしい。父から譲り受けたミルトン・フリードマンの本。

ヤップ島の石貨

大きなもので直径3メートル。ほとんどが石貨の持ち主の家の前などに置かれて移動することはめったにない。

ように読んでいたものが、まったく別の話として読めるようになりました。

ヤップ島の石貨は、大きいものは直径3メートル。財布に入れたりポケットに入れて持ち歩くことはできないので僕らのコインの常識からすると「お金」とはとても思えません。

しかしこの石貨の真ん中には穴があいていてヤップ島の人たちはここに棒を通して運ぶこともあるようです。ゆっくりとした速度で流通していると考えれば、やはり貨幣の一種と言えるのでしょうが、ほとんどは置かれた場所にじっとしていることのほうが多い貨幣です。なかでももっとも面白いと思ったのは、フリードマンが人類学者の本から引用する次のような話です。

ある家族が自分たちの石貨を筏に載せて運んでいるときに嵐に襲われます。筏は大揺れに揺れ、石貨を積んだままでは命が危なくなる。そこで泣く泣く大切な石貨を海の底に沈めてしまいます。島に帰りつくと家族は、島民たちに石貨を沈めてしまったのは嵐のせいで、死なずにいるためには石貨を沈めるしかなかったのだと説明します。そしてどんなに素晴らしい石貨であったかを、切々と語り続ける。すると島民たちは、お前たちの話は本当だと信じることができる。たとえ今は海の底に沈んでしまったとしても、それは確かに海底にあるのだから、確かにお前たちの財産だと信じ認めよう、と答えます。

この話で僕が気づくのは「信用」というものは「みんなが、それは良いものだ。それは価値を持っている」と「語り」、その物語を認め合うことができれば成り立つということです。

しかも「目の前にないもの」「見えない」「触れない」ものの価値を、「語る」ことによって認め合うことがありえるのだということにも気づかされます。

鋭い読者はもうお気づきだと思いますが、これは「仮想」ということにもつながる話でしょう。

財布ごと落としてなくしてしまった「お金」は、お前の不注意のせいだ、と注意されて終わりです。ヤップ島の人々の貨幣は、「資産」とも「財産」ともつかないところがあって、僕たちの貨幣や通貨と、そのまま比べるわけにはいかないかもしれません。しかし価値と信用の成立の仕組みをどう作るのか、作り方はもっといろいろあるのではないか、現在の仕組みにとらわれない柔軟な発想で考えてみてもいいのではないかという示唆を与えてくれます。

フリードマンの『貨幣の悪戯』からは他にもいろいろヒントがもらえます。2014年以降の僕は、MINE構想を実装していくための「技術的」「システム的」な着想に結びつけて読んでいますが、フリードマンがよく使う「Monetary Phenomenon 貨幣現象」として法定通貨も仮想通貨もひっくるめて扱う人が出てくると面白いだろうなと思ったりします。

通貨と貨幣の違いもヒントになります。

ヤップ島の巨大な石貨のようにじっとしてるのが貨幣、商取引などどんどん使われて流通していくのが通貨。

しかしそう単純ではないと思います。貨幣と通貨のハイブリッドというのもあるかもしれません。

フリードマンは、同じMoneyという単語が、メイキング・マネーと言えば「所得」を得るという意味になる。ドル札を偽造することではない、だが同時にマネーは「貨幣」を意味する、とりあえずマネーは「貨幣」の意味でここでは使うと断って第2章

「貨幣の謎 The Mystery of Money」を書き出しています。

「お金」は空気のようなものではない、謎だ、と言っているところがカッコいいと思います。

「コインチェックNEM盗難事件」が社会にもたらした本当の意味

前節まで、仮想通貨の「真価を問う」ということを述べてきました。その真価をいろいろと「円」や「ドル」や「ペソ」にはできないけれども、仮想通貨ならできることは何か？　という思考をすることが、ＭＩＮＥを構想させ実行するに至った僕のような「仮想通貨」真価派にとって、２０１８年1月に起きた「コインチェックＮＥＭ盗難事件」は、ちょっとした逆風のようなものですが、しかし他人事で済ませることができないと思える事件でした。

ただ結論から言うと、このハッキングは仮想通貨の「真価」に対する攻撃にはまったくなっていません。「サトシ・ペーパーを読む」でもふれた「ブロックチェーン」

の仕組みや、使われている暗号技術が壊されたわけではないからです。

僕は技術評論家でも、ジャーナリストでもありませんから、あくまでも仮想通貨の真価とは何かを少しでもはっきりさせるために、事件についてコメントします。仮想通貨の真価を問う僕が構想したＭＩＮＥ構想の良さが、対照的によく見えてきてくれればと思います。

この事件、けっこう「デカいな」と思ったのは、YouTubeに上がったＮＥＭ財団の副長インタビューを見たときのことです（Coincheck Hack Interview with NEM Foundation VP Jeff McDonald + Alex Tinsman from Inside NEM Jan 27）。ただし「デカい」と言っても、「円」建て被害総額の大きさの話ではまったくありません。

仮想通貨＝ビットコインという一般的な受けとめがあるなかで、そうかＮＥＭとか他にもいろいろあるんだね、ということが一挙に世の中に知れわたるチャンスになったこと。さらに、仮想通貨という新しい通貨を発行する「開発コミュニティ」みたいなものがあっていろいろと「人間が仕事をしている」んだね、「仮想通貨の新規発行は事業」なのね、という感じがなんとなくでもメディアを通じて伝わったことが大きいと思うのです。

そして「仮想通貨が技術である、テクノロジーである」ということについては、相変わらずピンボケのまま、「円」換算で損害額数百億「円」は、これまでで最大ということに焦点が行き、そこだけが記憶されてあとは忘れられるでしょう。関連省庁の仕事は忙しくなるはずです。

損害額最大？　正直そんなことはどうでもいいよ、と僕は思っています。ＮＥＭの通貨単位ＸＥＭで計算すると被害総額はいくらなのか？　を知りたいと思う人はほとんどいない。約5億４０００万ＸＥＭです。僕ももともとＮＥＭには関心を持ったことがないので、これ以上この通貨自体については、あれこれ言う立場にありません。

通貨自体の〈真価〉とはまったく関係のない事件を許してしまった「取引所」運営会社。そこにハッカー側はメール添付のマルウェアで侵入、そこからサーバー上に「置きっぱなし」になっていた「鍵」を盗み出したわけです。空き巣狙い程度のものです。ハッキングの手口として別に言うべきことがあるとも思えません。侵入を許した側も侵入した側も、「ズブの素人である」と言ってかまわないと思います。

ＮＥＭ財団のJeff McDonald氏は、インタビューのなかでしきりに「彼らはgood peopleだ」とエクスキューズを入れています。グッドピープルとされているのは盗難事件を許した運営会社のことですが、僕には「お人好しな人々」としか聞こえませんでした（この事件のセキュリティ問題で話題になったものに一般にはあまり知られていないかもしれない「ハードウォレット」がありますが、これについては《ＭＩＮＥ構想》から生まれた〝ＭｏＴ〟の第1号である「マインウォレット」と併せて第４章で触れます）。

「デカい」と思ったことはもう一つあります。それは「ピア・トゥ・ピア」について述べた部分でもふれたInitiativeに関連する話です。ＮＥＭ財団の対応は迅速で良かったと思われた人が大半だと思いますが、僕がインタビュー動画を見てまっさきに思ったのは「出てくるべきではない」ということでした。通貨の仕組みがいったん動き始めたらInitiativeは消えるべきなのです。

仮想通貨にまつわる事件にありがちなダメな見方を理解するには、この事件よりも2003年に日本で起きた「Winny事件」のほうが本質をついています。仮想通貨ブロックチェーンを支える「ピア・トゥ・ピア」とも関連します。事件の内容は簡単で、ピア・トゥ・ピアを使ったファイル共有ソフトWinny＝ファイル置き場のなかに無断使用すると著作権法にふれるものを置いた。そこから落とした無断使用を許されていないものを公開するか売るかしてしまったという事件です。事件の詳細よりも重要なのは、違法な利用の仕方をした利用者だけでなく、ソフトウェア開発者まで罪に問われてしまったという点です。

仮想通貨に即して「お金」の話にすると、銀行ATMから引き出したお金を使って何か悪いことをしたとしても、そのATMの設置者である銀行が罪に問われることはありません。しかし仮想通貨、とくにビットコインをめぐっては「銀行が訴えられる」ようなことが米国で起きています。

ファイル共有ソフトと仮想通貨を一緒にすることはできないですが、共通するのは、「犯罪」と「犯罪にも使えるツール」をイコールにしてしまうような見方を、人というものはしてしまいがちだということでしょう。

なぜなのか？

僕には説明する力はありませんが、はっきり言えるのは、法定通貨であれ、仮想通貨であれ、「通貨に罪はない」ということです。

ついでにあのグッドピープルは、「ポートを空ける」ことさえできない人々ではないのか？

訳者の中上氏が送ってくれた「Winny事件」の資料を眺めながらそう思った、と書き添えておきます。

第2章

21世紀にふさわしい経済圏とは

ブロックチェーン技術が登場したから、M－NEを構想したのではない。M－NE構想を現実のものにしていくために、もっともふさわしい技術として、僕の構想が、ブロックチェーン技術を選びとらせたのだ。

――ジョージ・S

この章では、21世紀にふさわしい経済圏を考えるにあたり、技術的な話をしておきます。MINEの構想をもとに、多くの人が実際に参加でき、便利に使える仕組みにして稼働させる——これを「実装」と言います——ためには、技術は欠かせないものだからです。ただ技術の解説書ではありませんので、わけのわからない、それこそ暗号のようなプログラム言語のソースコードとか、数字・数式とかを並べるつもりはありません。第1章の「サトシ・ペーパー」のその後を、少し詳しく解説した読み物と思っていただいてかまいません。

「システムとしての通貨」を造るために

「ビットコイン Bitcoin」はサトシ・ナカモトが作り出した、「第三者機関に頼る」ことなく、技術によって、ピア・トゥ・ピアな「信用」を形成する仕組みの代名詞でもありました。もちろん一般には、世界最初の仮想通貨、仮想コインの名前として知られていきました。言うまでもなく、これはサトシ自身が名づけた名前です。

名称が「コイン」ですし、実際に通貨としての機能を持ってサイバー空間を流通し、ショッピングなどもできるわけですから――街角のお店でも使えます――たしかにビットコインに間違いないのですが、後続のそのほかの仮想通貨と同様、その名前は「システムとしての通貨」を実現していくプログラミング言語など技術総体の総称としても使われています。

ビットコインの「時価」が一時高騰したのも、投機マネーの動きだけではなく、その「技術、買いだ!」という応援的な動機も何割かはあったのではないかと僕は考えています。

ビットコインの場合は、通貨単位も1BTC＝1ビットコインですから、システム技術の塊のようなものの総称でもあるというニュアンスは、伝わりにくいところがあります。ビットコインを実現し、実装するためにサトシが発明したコア技術が「ブロックチェーン」です。これも「C言語」や「C＋＋（シープラプラ）」というプログラム言語で書かれています。

エンジニアたちが注目したのは、コインとしての「ビットコイン」よりも、この仮想通貨の「信用」を形成し、公正な「取引」を成立させ、通貨としての流通を支えるコア技術「ブロックチェーン」のほうでした。

この技術はオープンソースとして公開されていますから、サトシ以降、ぞくぞくとこの技術を使った仮想通貨を作り出す人々が出現しました。

この技術の流れからすると、MINEもサトシ以来のブロックチェーン技術の進展の上に乗っています。ただ、その他の「システムとしての通貨」と、MINEとでは、大きく異なるところがあります。

それは「ブロックチェーン技術があるからコインを作ってみた」わけではないとい

うことです。仮想通貨の〈真価〉追求派の僕がまとめた構想を実現しようとして選択したのが、ブロックチェーン技術だった、ということです。

もう一つ、MINEという通貨を発行するプラットフォームとしては「イーサリアム Ethereum」を選んでいます。サトシ以降、もっとも注目されている通貨の技術――このことも含めてイーサリアムはアフター・ビットコインであると言われています――なのでプラットフォームとして選ぶこと自体は、今や珍しいことではありません。

しかしMINEは、単なるイーサリアムの代替通貨（トークン）にとどまらないのです。「アフター・ビットコインであるイーサリアム」および「アフター・イーサリアムであるMINE」がいかに他の仮想通貨よりも優れているのかについては、第4章で具体的に説明します。

ここではまず、アフター・ビットコインであるイーサリアムの概要と、イーサリアムをプラットフォームとして生かすMINEが、どんな未来を実現できるのかまでを述べることにします。

自動化された世界を実現する「スマートコントラクト」とは

イーサリアムの構想は２０１３年には、すでに発表されていたと言われています。開発が本格化するのは２０１４年７月ですから、僕がＭＩＮＥ構想を考え始めたころと重なっています。構想した人物は、ヴィタリック・ブテリン（Vitalik Buterin）氏。21歳でイーサリアムの論文を書いたということですから、天才的と言っていいかもしれません。

いま僕らは、ビットコインのサトシ論文から10年、イーサリアムが動き始めてから４年目になりますが、イーサリアムはビットコインが動き始めた２００８年から数えて６年目に登場、以来ブロックチェーン技術の基本は踏襲しつつも、ビットコインには、まったくなかったといっていい新しい機能を開発し続けています。

イーサリアムも、もちろん仮想通貨の仲間――イーサリアムの通貨単位は１ＥＴＨＥＲ（１イーサ）です――ではありますが、ブロックチェーン技術を実装した、もともとのビットコインの構想との違いが際立つようになってきています。

イーサリアムが、ブロックチェーン技術改良の手を止めることはないように見えます。サトシ・ナカモトによるブロックチェーン技術を、サトシらが考えてもいなかったと言えるほど「拡張」しようとしているのがイーサリアムです。MINEは、そのイーサリアムを、さらに拡張するポテンシャルを持ちます。

ブロックチェーン技術の応用可能性を追求するイーサリアムですが、そのなかでも際立つのが「スマートコントラクトSmart Contract」です。これは、ビットコインには実装されておらず、イーサリアムがはじめて加えた新しい技術です。

直訳すると「スマートな契約」「賢い契約」ですが、この直訳だけでも、この技術が実現し、生み出していく世界を想像することは可能です。

「契約」と言われると、なんだかめんどくさいイメージがあるかと思います。

細かい書式が決められた「契約書」を書かないといけないとか、日本ならハンコを用意しないといけないとか、「めんどくさい」事務的手続きを思い出すことでしょう。

このような「めんどくさい」ことをしないでも「公正な契約がスピーディーに成立し完了する」こと、「ムダにめんどくさいこと」を、できるだけゼロにしていくこと。

「スマートコントラクト」の「スマート」は、この意味で「ムダのないスマートさ」を実現する技術ととらえて、まちがいはありません。

ＩＴ技術用語的に言いかえると「自動化された契約行為」です。ＭＩＮＥ構想に含まれるビジョンの一つも、このスマートコントラクトによって実現される意味での「自動化された世界」の実現です。

「スマートコントラクト」の「自動化」を理解しやすくするために、とくに日本の皆さんなら、すでに毎日のように使っているものを例としてあげておきましょう。日本の読者にとっては、あまりにありふれていて、ちっとも未来的ではないと思われるかもしれませんが、コインを入れると飲み物が出てくる、あの「自動販売機」です。

「ユーザーがコインを入れる」
↓
「ほしい商品のボタンを押す」
↓
「ユーザーに商品を渡す（取り出し口に商品が出てくる）」

この一連の流れを「売買契約」とその「履行」と見れば、たしかにめんどうな契約書を書くことなく契約が結ばれています。つまり、契約行為が完了するという意味で「スマートコントラクト」の原型と言えるでしょう。

ＭＩＮＥ構想のビジョンとしての「自動化された世界」のイメージは、第４章と第５章でふれます。自動販売機はもっとスマートになりますし、自動化される領域は、もちろん自販機だけではありません（このオートメーションの領域を拡張する技術が、ＭＩＮＥ構想のコア中のコアである「マイニング・オブ・シングズ Mining of Things：ＭｏＴ」です）。

新たな経済圏を創るには『国富論』だけでは間に合わない

「マイニング」は、サトシ・ナカモトの「ビットコイン」＝「ブロックチェーン Blockchain 技術」と切っても切り離せない「プルーフ・オブ・ワーク」を、鉱石の採掘にたとえた比喩的な呼び方です。

不特定多数の、自由意志で参加する人々が、「仮想通貨」による取引の公正さを証明する作業が「採掘」にたとえられています。

高速演算処理能力を持つコンピュータと協働でこの作業をする人を「マイナーminer（採掘する人）」と呼びます。マイナーたちが、ピア・トゥ・ピア方式のネットワーク上でマイニングをしていることは、第1章で述べたとおりです。

暗号技術を駆使して公正で安全な通貨の取引と流通を支える具体的な仕組みは、機械＝高速演算処理能力を持つコンピュータと、マイナーと呼ばれる人々との協働作業、つまり「マイニング Mining」による「プルーフ・オブ・ワーク Proof of Work：PoW」によって支えられているのです。

これはボランティア活動に近いものがあります。日本語でボランティアというと無償でやる仕事、奉仕活動のようにとらえられているようですが、それはまちがいです。

自発的な意志でやりとげられた仕事に対して報酬が発生することがあることを、ボランティアは否定するものではありません。

僕はそもそも、ブロックチェーン技術と切り離すことのできないこうした作業をなぜ「マイニング」と呼ぶのか、不思議に思っていました。ブロックチェーン技術とは別の分野で「テキストマイニング」とか「データマイニング」という用語はすでに使われていますが、やっていることはまるで違います。

そこで僕なりに推測して、これはいかにもアメリカ的なたとえじゃないのかと調べてみたところ、19世紀のアメリカで起きた「ゴールドラッシュ」に関係していることがわかりました。彼らは一攫千金を夢見て、黄金を掘り当てようとしましたが、金脈を掘り当てることができた人はごくわずかだったといわれています。

ブロックチェーンを支えるマイナーたちも、まっさきにプルーフ・オブ・ワークをやり終えたマイナーが、感謝の気持ちが込められたお礼として、ビットコインやイーサをもらいます。日本円で一ヶ月あたり3000円程度でしょう。日割りにすると一日100円です。

これらは一攫千金とはほど遠いですが、マイナーたちはマイニングが楽しいから高額な専用マシンを設置して、「儲からなくても楽しい。儲かったらうれしい」といったノリで、「第三者機関」に依存しない「信用」と取引の「公正」さを実現実証するワークに自発的に参加してきたわけです。もっともこのスタイルは、アフター・ビットコインではなく、ビットコイン時代のものです。

しかし僕は、ここで稼働している自発的な意志と、フェアな競争によって自らの能力を試し、うまくいけばそれに見合った報酬を得られるという仕組みを支えるスピリットは、とても大切なものだと感じています。

そしてこれは、日本の仮想技術の解説者としては最高だと僕が尊敬している岩村充氏も指摘するとおり、アダム・スミスが"An Inquiry into the Nature and Causes of the Wealth of Nations"（『国富論』または『諸国民の富』）で述べた、私利私欲――強欲ではありません――が、公益を生み出し、一人のためではなく国民のための富を形成することにつながるという考え方――一種の逆説――が、現実に生きて活動していると言っていいものだと思います。

実はこれがボランティア精神にもつながっていると僕は考えています。そして、このスピリットが実現しているブロックチェーンを「パブリック・ブロックチェーン」と呼ぶのだと思います。仮想通貨に対する「実体通貨」の世界で、こうした「パブリック」を支える姿を目にすることは、ほとんどありません。不思議なことだと思いませんか？

ＭＩＮＥ構想の実装は、これまでビットコインで行われてきたものとも、イーサリアムで行われてきたものとも、ひと味もふた味も違う「新しいマイニングの仕組み」を提供します。その基盤となるのが、「はじめに」でもふれた「マイニングファーム」の稼働です。

21世紀にふさわしい斬新な《経済圏》を作り出していくには、『国富論』だけでは間に合いません。もっと時代に即した新しいチャレンジが必要です。

他の通貨との互換性を実現する「ＥＲＣ２２３」

ＭＩＮＥがイーサリアムの「スマートコントラクト」を使って実現する「自動化された世界」の実装にとって、重要なのがＥＲＣ２２３となります（２０１８年3月時点では、ＥＲＣ20で対応する可能性もあります）。

ただしこれはコードではなく、イーサリアムが「スマートな契約」の実行を、より確実で安全なものにしていくために、改良を続けているトークンの仕様、標準規格の略号です。

そもそも「トークンToken」とは、既存のブロックチェーン上で発行した独自のコインのことで、ＭＩＮＥもイーサリアムというブロックチェーン技術を使って発行されるトークンの一つとしてスタートしています。

ＥＲＣは、Ethereum Request for Comments の頭文字をとったもので、イーサリアムの標準規格を決めていく会議のようなものです。その会議で定められた Token Standard#223が、「ＥＲＣ２２３」です。この仕様は、いろいろな契約履行の確実さを高めるだけでなく、他の通貨との互換性を実現しているところが重要です。これによって、ＭＩＮＥ構想が目指す自動化の分野を拡張していけるからです。この互換性＝相互乗り入れの広がりによってできあがっていく経済圏を「トークンエコノミー」とも呼びます。

通貨と通貨の互換性の実現によって、「ウォレット」に持たせることができる機能もより豊かなものになっていきます。

ハードウェアウォレットの革新

「ハードウェアウォレット」という言葉は、第1章でコメントしたNEM盗難事件の際にちょっとした話題になったので聞いたことがある方も多いのではないかと思います。

ここで言うウォレット＝財布は、暗号通貨の口座番号にあたる秘密鍵を保存しておくものです。ハードウェアがあるので、当然ソフトウェアウォレットもあります。基本的な仕組みは同じです。しかしここで取り上げたのはセキュリティの話ではありません。

セキュリティという話であれば、通貨のためのウォレットを持ち出す必要はまったくないです。USBスティックメモリの管理と、まるで同じですから。

USBスティックメモリをパソコン本体からはずしてしまえば、ネット接続を介してデータが盗まれたり改ざんされたりすることはありえません。ソフトウェアウォレットも使う必要がないときは、オフラインにしておけばいいのです。

もちろんUSBスティックメモリを持ち歩いているときに落としてしまったり、盗まれたりすることはあるかもしれません。ハードウェアウォレットも、同じことが起きる可能性は当然あります。自転車も同じです。きりがありません。セキュリティに絶対100%はありえません。これはネット上でも、街角でもどこでも同じことです。そもそも盗むほうが悪い。自転車なら、悪いのは鍵をかけ忘れた人ではなく、鍵がかかっていないから勝手に持っていった自転車泥棒です。

MINEでは、先ほどふれたイーサリアムの標準規格「ERC223」の仕様にもとづくハードウェアウォレットを開発しています。

何が革新的なのかというと、ウォレット＝財布に「自動化」の機能を付加しているからです。

つまり、財布からお金を出して使うと、お金が入ってくる仕組みです。

しかしこの機能は、それほどびっくりするような話ではありません。似たものは、さまざまな「ポイント」としてすでに実現されています。あくまでも似たものの例として「ポイント」をあげました。

しかし、ＭＩＮＥでは、入ってくるのはポイントではなく、「通貨」である点が大きな違いです。やはり革新的と言っていいと思います。そしてＭＩＮＥのウォレット「マインウォレット」にはさらにその先があります。

第3章

僕らの新しい経済圏をつくる

コンピュータを中心としたＩＴ産業が勃興したときは「まず産業ありき」で金融はあくまでも縁の下の力持ちであり、主役は企業人、起業家だった。ところがやがて金融で儲けたほうが効率的というベンチャーキャピタル的思考が蔓延し「新しい技術で新しい価値をつくる」という夢とは別の思惑が時代を信用崩壊へとひっぱっていった。

――原 丈人

イノベーションの可能性を応援するのが本来の投資

第2章で取り上げた「イーサリアム」も、その開発を推進するための財源をオンラインクラウドセールで集めました。

どんなに優れたアイデアであっても、実現するには資金を必要とすることは当然のことで言うまでもありません。イーサリアムが集めた財源は、アイデアを実現するための「開発事業」に対する「投資」です。集める手法からして「株式（株券）を買う」という意味での株式（株券）投資ではありません。

僕が小さなカンファレンスでＭＩＮＥの構想をスピーチしたことによって、マイニングファームを建てるためのお金が集まってきたように、「そのアイデア買い！」みたいな感じで「応援するよ！」という気持ちがなければできない「投資」であると言えると思います。これは僕の正直な実感です。

ＭＩＮＥも、やがて「実体通貨」をしのぐかもしれない。そのようなイノベーションを起こす可能性をもつと認めてくれた人たちが「投資」してくれたのだ、と思います。その意味では、株式投資が始まったばかりのモノづくり中心の時代に生きていた「投資」本来の意味を、デジタルの世界が再生しようとしているのかもしれません。僕がエンジニアとともにビジョンをかたちにし、作り上げようとしている仕組みは、「モノ」ではないかもしれませんが「プロダクト」です。これも僕の正直な実感です。

ＭＩＮＥ自体はモノではありませんが、ＭＩＮＥ構想には「ＭｏＴ」と僕が名づけた、Things＝「モノ」につながる仕組みの実現が一つの到達点として控えています。

この「モノ」は、街角のお店で買える「商品」です。クルマや家電製品のように製造物を一から作るわけではありません。しかし市場に出回っていて、お店で買えるモノとしての「商品」に、仮想通貨ＭＩＮＥの機能を持たせるという点で、より実物経済とのやりとりを活性化していくことになります。

この章ではＭＩＮＥの仕組みによって実現される「金融商品」と見ることも可能なＭＩＮＥの魅力を述べることにします。これまでの「金融商品」との違いを中心にプロットしています。前章の「技術（＝ヒト＝情報＝モノ）」に続いて「カネ」の話です。

公平な競争原理を支える新たな仕組み

英語で「investment」、日本語で「投資」という、それまで普通に使えていたつもりの言葉が、ほんとにわかってんのか？　というハテナマークの塊になっているというのは、「はじめに」で述べたとおりです。そういうお前は、「マイニングファーム」に「投資」したと、さっき書いたばかりじゃないかという声が聞こえてきそうです。そのとおりなのですが、あれは僕自身が何かをした、お金を動かしたというよりも、繰り返しになりますが、あるカンファレンスで僕のアイデアを聞いてくれた人たちが、僕のアイデアを「応援」してくれた、というほうが実感に近いのです。

どうもこれは、前の章で述べた「自発的な意志と、フェアな競争によって自らの能力を試し、それに見合った報酬を得られる仕組みを支えるスピリット」が、そうさせているのではないかと思い始めているわけです。

一方、これまで投機の対象となってきたビットコインに代表される仮想通貨が、つねに「円」や「ドル」との交換レートでその「価値」が語られてしまう現状には先ほどのスピリットは感じられないように思います。

実際、仮想通貨の「時価」が、円建てで今いくらなのか、という計算式は外国為替相場での円対ドル、円対ユーロなどの「ペア」にそっくりです。そこに目をつけてFXとビットコインの組み合わせ売買ができる「証券取引所（のようなもの）」が、開設されたりもしています。

「仮想通貨」に対して「現実通貨」というペアを持ち出す経済学者がいるそうですが、彼らにFXで扱われる各国の通貨を、どう考えているのか聞いてみたいところです。

たしかに円、ドル、ユーロなどペアになる各国通貨は、それぞれ「現実通貨」と言えますが、FXのPips（為替差益）は、よく考えると実体とは言えないものです。

たぶんあれは、通貨でも貨幣でもなく「キャッシュ」なのだろうと僕はかってに思ったりしています。そう「現金」です。

まわりくどいことを言うなと叱られそうですが、この章では、MINEが現行のいわゆる「金融商品」と比較してどうなのか、ポジショニングすることが目的の一つなので、「FXよりもハイリターンだ」とか、「株式投資よりも利回りがいい」とか、ただ言うだけであれば、それならＦＸやってれば？　とか、優良株を長期に持ち続けてれば？　で終わってしまいかねないので、いろいろと思っていることを述べました。

結論から言うと、ＭＩＮＥは、ＦＸのようなハイリターンのメリットと優良株長期保有のメリットの両方を備える「ハイブリッド型のネクスト金融商品」と言える魅力を持っています。

ＩＰＯとＩＣＯ――投資の対象は「事業」だ

「資産運用」という名目で「金融商品」的にも見られることがある、二つの資金調達法である「ＩＰＯ」と「ＩＣＯ」についてもふれておきます。

ＩＰＯ（Initial Public Offering）もＩＣＯ（Initial Coin Offering）も、僕としては、どちらも「事業」を支えるための投資であり、事業側からすれば資金調達の手段で、原則は変わらないと考えています。ただ現状では、ＩＣＯは「お手軽」であり、ＩＰＯは「難しい」ものととらえられています。

しかし二つをよく比べてみると、「お手軽」とは本来、前章でふれた「スマートコントラクト」の「スマート」のことであり、「難しさ」は面倒な手続きや厳しい要件が山積みという現実から来ています。

ＩＰＯで発行されるのは「株式」、ＩＣＯは「通貨」です。

ＩＰＯ（新規上場株）は、日本なら日本の新しい企業体が、事業を進めていくための資金を調達するために株式を買ってもらうという仕組みです。ここで集まる資金は言うまでもなく日本円で、新しい通貨ではありません。

これに対してＩＣＯは新しい通貨を発行し、この通貨が流通して信用を獲得していく仕組みを整え、維持発展させていくことを目的として、新しい通貨にお金を投資することになります。

僕はＭＩＮＥの発案者として、どんな仕組みを具体化していきたいのかをエンジニアに伝え、仕上がったシステムの実証実験にも立ち会いました。そして今、ＭＩＮＥの魅力と可能性を、よりたくさんの人に理解してもらうことを目的に、この本を書いています。

しかし、新通貨をリリースし、その流通を軌道に乗せていく仕事や、その手法に関しては無知です。とくにアメリカでまず盛んになったＩＣＯの米国主流の事情についてはほとんど知りません。ですから、ＩＣＯの具体的な手法や評価については述べることができません。

ただＩＣＯであれＩＰＯであれ、どちらも投資の対象とは「事業」であるということは、繰り返しになりますが、はっきりしています。しかし、僕が見るかぎり、ＩＰＯもＩＣＯも「投機」的なものになる傾向が強く、僕が「はっきりしている」と言っても、「それは理想にすぎない」と言われてしまいそうです。

ＩＰＯの新規上場株は売り出しの株価が低く設定されるため買いやすいのですが、新規上場株はなぜか必ず「初値高騰」が起きます。理由は僕には説明できませんが、この高騰を狙って投機的なお金が「投資」されることが多いようです。「事業」内容は、どうでもいいようです。

ＩＣＯは、消極的な意味での「お手軽さ」が仇になり、まがい物が頻繁に現れるようです。しかし冒頭で述べたように、その手軽さは本来「スマートコントラクト」の「スマート」ととらえるべきだと僕は思っています。

新規上場株ＩＰＯでは、その事業価値を上場前に判断するのは、主幹事証券会社です。厳しい要件のクリアとともに時間がかかり、どんなに素晴らしい構想であっても日の目を見ないということもありえます。対して、どんな事業をどんな構想とビジョンでもって進めたいのかを、すばやく公開できるのはＩＣＯのほうです。より多くの人にパブリックにその価値を評価してもらえます。

僕が言えるのは、ＩＰＯであれＩＣＯであれ、その事業構想を含め「公正」であることが一番。この条件をクリアして、堂々と「金融商品」的なメリットも打ち出して、潤沢な資金を得ることができれば、資金を出す側も調達する側もウィンウィンで文句はないはずです。

より長期的な資産運用を可能にするエコシステムの創出

「マイナー」は前章で解説した「マイニング」をする人、「採掘する人」のことです。マイニングファーム設立に関わって、この「マイナー」たちの公平な競争原理を支えるもの、スピリットのようなものがあることに気づいたので「投資」にからめてどういうものなのか押さえておくことにします。

投資に使われるお金は、円であれドルであれ、「思惑」があって投資されます。「思惑」(Speculation)って何よ？　に答えるために質問します。

「おなかがすいたので、お金でパンを買うのと、投資に使うのとでは、どこが違いますか？」

すぐに答えられる人は少ないと思います。僕もすぐには答えられません。しかしこういうと「同じであるわけがない。パンにお金を使うのは自分の空腹を満たすためであって、投資とは言わない。それは投資ではなく消費だ」と言い返してくる人がきっといます。

これにはすぐにこう反論することができます。

「あなたが株式を保有しているとします。株式投資をしたからです。年に一、二回、配当があるでしょう。あなたはその配当金で何かを買ったりしませんか。パンを買うこともあるのではないですか？」

つまりこういうことです。

彼は「投資」と「消費」という「言葉の違い」にこだわっただけです。そのお金を、いつどのように使うか、その時間的な違い、時間差しか、言葉としての「投資」と「消費」は今や表していないと思います。「今使う＝消費」、「後で使う＝投資」、になっていませんか？

老後のために備えるといって蓄えられたお金を老後のための「資金」と言いますが、これも今は使わずに将来のために蓄えて、何年か経ってから「消費」するということです。使い道はそんなに違わないはずです。何十年か後に、あなたは今日と同じようにお金を使ってパンを買うでしょう。

もうここまで言えばわかりすぎるくらいわかると思いますが、「投資」も「資産運用の一つ」と言われ、投資先で「どんな事業にそのお金が使われるのか」、それは「自分の趣味にあっているか反しているか」などを考えて「投資」することはほとんどなくなっているのではないでしょうか。

ＩＣＯはすでに述べたとおり、「こういう事業なら応援したい」という意味での「投資」の動機を呼び起こしやすいものであるはずです。

アダム・スミスの強欲ではない私利私欲――自分の趣味で満足感を得たいというの

も私欲です――そういう欲が動くのが「思惑」だとすると、マイナー・スピリットの思惑は、その能力を今使い、マシンパワーにも今お金を使い、結果そのシステムを支えることに貢献しているという意味ではシステムに対する「投資」をしていることになります。そのことによる報償もありますから、決して「慈善」としてやっているわけではない。そこが大切だと思います。

ＭＩＮＥという構想と実装にコミットし、この仕組みに参加することで「長期的な利回り」が続く。これは事業のゴーイング・コンサーンに力を貸していることと裏腹です。この章の最初で、ＭＩＮＥは「ネクスト金融商品」でもあると言いました。短期長期の両方の利益を可能にするハイブリッド型の「金融商品」であるというのは、この参加性から生まれることです。

ＦＸをリバースエンジニアリングする

僕の友人にＦＸのプロ中のプロがいます。友人というより年が近い知人といったほうがいいかもしれません。父の仕事の関係で知り合った人物なので。

プロ中のプロ、とはどういうことかというと、彼の顧客が、各国の中央銀行や銀行、投資信託やヘッジファンドなど、いわゆる「資産運用のプロとして仕事をしている企業（金融法人）」だから、という意味です。つまり――中央銀行は企業ではありませんが、銀行は株式会社です――彼はＦＸによる資産運用のプロですが、プロである彼のお客様もまた、それぞれの法人組織の中で資産運用を仕事にしているプロだ、ということです。

金融法人だけを顧客（お客様）にするということは、どんなに優良な企業であっても、金融法人以外の一般の製造業などの企業は、たとえその企業で財務など資産運用をしている部門であっても、顧客として彼のサービスが提供されることはありえないということです。

彼の言葉をそのまま借りると、「素人さんを、お客にすることは絶対にない」のだそうです。

日本ではＦＸ（英語圏ではみんな「ＦＯＲＥＸ」International Foreign Exchange Market っていう）と呼ばれるのが一般的らしい外国為替市場で、一般個人が行う

「投資」銘柄、のような、もの、として売買（相対取引）が可能になったのは、日本では１９９８年（平成10年）からのことです。

こういうことを、はっきり確かめておくことも、僕がいう仮想通貨によるリバースエンジニアリング効果（著者「はじめに」参照）の一つなので、はっきりさせておきましょう。Wikipedia にある「外国為替証拠金取引」の項目から引用します。

「日本では１９９８年に外国為替及び外国貿易法が改正され、ダイワフューチャーズ（現・ひまわり証券）、豊商事などが取扱いを開始、ブロードバンドの普及も手伝って市場が急速に拡大した。商品取引員、証券会社のほか、本取引を専業で取り扱う外国為替証拠金取引業者もある。取引の仕方によっては非常に高いリスクを負うため、実際の取引にあたっては外国為替相場に関する十分な知識や経験を要する。

市場の動向を、24時間３６５日、常に監視しておく必要がある。これに対しては、人工知能（ＡＩ）に基づき市場動向により為替レートの変化に際して、売り買いする自動売買機能を持った、個人向けアプリケーションソフトウェアが開発されており、それらの援用により、個人投資家でも場合によっては高い収益を上げることが可能になっているが、最終的な責任は個人に降り掛かってくる。」

「市場の動向を、24時間365日、常に監視しておく必要がある」というのは、いわゆるディスプレイ「はりつき」状態に「ならねばならぬ」も、「素人さん」が圧倒的に不利であることの理由の一つですが、それはさておき、仮想通貨の〈真価〉を理解したうえで、真価がより多くの人のユーザエクスペリエンスとして実感できるものになっていくことを目指して構想され、実装される、MINEの良さを知ってもらうのが主題のこの本で、なぜFXの話をするのか？

それは日本の読者のほうがよくご存じのはずですから、僕がわざわざ何かを言う必要はないのかもしれません。

しかしFXというのは、世界各国の「通貨」の価値が、なぜ相対で「変動」するのか？　国内では「固定」であるはずなのに、なんで？　そして、その変動のまっただなかにさらされている各国法定通貨の価値と、仮想通貨の価値の違いはあるの？　ないの？　――「価格」ではない「価値」を知りたいので――つまり、仮想通貨の真価は、どこにあるのか？　つまり、仮想通貨が、なぜそこで「連動」して、一緒になって「変動」せにゃならんのか？
こんなことをつらつらと考えながら眺めるのには、とても面白い「材料」だからです。

MINE構想の到達点「マイニング経済圏」

もちろん僕にとっても、「メイキング・マネー」することは当然必要です。できるだけ効率的に資金を調達したい、メイクしたお金を可能なかぎり増やしていくにはどうすればいいか、ああでもないこうでもないと試行錯誤をしてみることは、むしろ楽しいと感じるほうです。

ただ、ここでＦＸで資産を増やす方法、メイキングマネーをうまくやる方法、ＦＸで億万長者！　になる方法、みたいな話をするつもりはありませんし、それを語る資格もありません。最初にＦＸのプロ中のプロである知人の仕事スタイルの話を持ち出したのはそういうことです。はっきり言って、素人がＦＸでハイリターンを叩き出せるわけがないと、僕も思います。
これはプロ中のプロである友人が、はっきり言っていることですが、そもそも彼の顧客であるプロも、一般企業の資産運用部で仕事をする人も、投入するお金は、「会社のお金」です。「失敗が許されない」のは同じですが、個人が自腹を切ることと比べると心理的に個人のほうが圧倒的に不利であることは明らかです。彼が言うには、そこでもう勝負はついていると。

ＦＸがハイリスク・ハイリターンと言われるのはわかりやすい話ですが、そのハイリスクを取って勝率１００％でハイリターンを獲得できた人は、個人では１％いるかいないかだと僕は見ています。ＦＸにつぎ込む、そのお金の使い方がハイリスクであるのは当然、それ以上にハイリターンを現実に獲得できる個人は、宝くじに当たるくらいの確率でしかない。だから僕は、資産運用の方法にＦＸは入れていません。前節で、ＭＩＮＥの「金融商品」としての魅力の説明に使ったのは、わかりやすく伝えるための材料としてです。なにせ「お金を使えば使うほどお金が入ってくる」例は、法定通貨の世界ではありえないことで、すでに多くの人が経験し、知っていることを持

TradingViewのサイトチャート

https://jp.tradingview.com/chart/　トレーディング・ビュー

ち出して説明する以外に説明しようのないところがあるわけです。

そういうわけで、法定通貨の価値って何？　法定通貨の価値とくらべて仮想通貨の価値ってどうなの？　ということを見ていくには、ＦＸは格好の「材料」であると考えているわけです。

知っている方も多いかもしれませんが、tradingviewというウェブサイトがあります。このサイトが興味深いのは、日経２２５、そしてＪＰＹ／ＵＳＤ、ＩＰＹ／ＢＴＣ（仮想通貨ビットコインの通貨単位）など、各国法定通貨の「株価」、円／ドルなどの「為替（外為）」、そして

「各国法定通貨とビットコインなど仮想通貨とのペア」のすべてをチャート表示してくれることです。世界の法定通貨といろいろな仮想通貨を、現在存在し流通している、「世界の通貨」として、その（ほぼ）すべての「時価」を俯瞰的にみることができます。

このサイトについては、後述しますが、その前に僕の「投資 Investment」についての考え方を述べさせてください。

ＭＩＮＥ構想では、仮想通貨を、「投機的投資」の対象と考えることは一切ないです。これは、メイキングマネーを否定するからではありません。訳者が「序文」で書いてくれているとおり、僕も株の運用はします。

どんな事業シードであれ、どんな事業であれ、それを実現してゴーイングコンサーンしていくために資金が当然必要です。第5章でSF映画についてふれますが、ＳＦに限らず、映画製作にも資金が必要です。「総製作費30億ドル！　5年の歳月をかけて構想を実現した壮大なスペースドラマ、ついに劇場公開！」みたいなキャッチコピーを目にすることがありますが、この「製作費」が「資金」にあたることは言うまでもないです。

むしろ「円」や「ドル」や「ペソ」など法定通貨に換算してビットコインやイーサなどなどの値段が、今いくらか？　ということばかりが気になるうちは、仮想通貨の〈真価〉はわからない、と僕は言い続けてきました。

そしてＭＩＮＥ構想の一つの到達点は《マイニング経済圏》です。わかりやすくするために「円」を例にすると、今日１００円で買えたものが、今日は２００円ないと買えないという場合、その通貨は通貨の価値をもたない。アブノーマルな通貨であり、そこは健康な経済圏とは言えないでしょう。ある経済圏において「通貨」というものの価値は、安定していてくれないと困ります。

「円」や「ドル」――これを書いている時点では、圧倒的に「円」が多いのですが――投機マネーが入ることで、仮想通貨の価値は乱高下しています。経済圏にとっては、これは困ったことです。昨日１マインで買えたものが、夜が明けてみると10マインないと買えません、というのでは、安心してスーパーマーケットで買い物をすることもできません。物価上昇の話ではなく、貨幣価値の話です。

この昨日１００円が、今日２００円、昨日１マインが今日10マインというように、価値が極端に上下することを「変動率」と言いますが、これは投機的投資をする側から見た指標に過ぎず、買い物をしたり、レストランで食事をしたり、洋服を新調したりという「経済活動」する側からみれば、「不安定で困ってしまう率」とでも言うべきものです。

投機筋は、こういう「経済活動」の視点で「通貨」をとらえるアタマはなく、「変動率」イコール「利ざやはいくらか?」ということしか考えません。

人は誰でも射幸心（speculative spirit）があり、それが結果、経済を動かすということは、経済学者のケインズも言っているくらいですから、それが悪いと言うわけではないです。これはしかし主として、「相場」は形成しますが、「市場（日本語では「イチバ」とも読みます）のまともな動きにとっては、良くて人畜無害、リーマンショックのように、イチバを含む経済圏全体を押しつぶしてしまうことがある。

このことを、仮想通貨の「時価」の動きと、FXの「変動率」がもう一度――というか初めて?　――想い出させてくれていると僕は思います。そういう意味で、FXってなんなのだろう?　おさらいしてみる価値は充分あります。このおさらいによって出てくる効果を、「はじめに」でリバースエンジリニアリング効果と言ったわけです。

だからここでＦＸについて「わざわざ」書いてるのです。ＦＸと仮想通貨を合わせ技で売買できる「証券取引所」、みたいなものもできているのも事実ですからね。

「特定の国の通貨ではない」から世界を変えられる

さて、トレーディング・ビューですが、２０１５年９月から日本語版も使えるようになりました。これを使いながら何ができるか簡単に見ておきます。

ツールボックスにいろいろなツールが縦方向に並んでいます。このうちのトップにあるツールをクリックすると見たい「シンボル」を複数設定することができます。取引銘柄シンボルを選んで、そのインディケータを表示、日足、平均移動線、ろうそく足など株式投資以来、使われ、おなじみのいわゆる「チャート」を使った「テクニカル分析」ができるよ、というウェブアプリです。

こういうウェブ上のツールは、１９９０年代後半から２０００年代初頭にかけて、証券会社がデイトレーダー向けに提供していて、とくに珍しくもないわけですが、トレーディング・ビューの新しいところはシンボルに仮想通貨が加わっていることです。

たとえば、シンボルに「ユーロ／USD」を選択し、ALLをクリックすると外為Euro／U.S.Dollarなどと並んで、「bitcoin BTCE B（末尾のBはビットコインのアイコン）」という行が表示され、仮想通貨の価格を見ることができるようになっています。「ユーロ／USD」に対して、たとえばBitcoinを、あなたが保有していれば、ビットコインでユーロか、ドルを買う。反対にビットコインを売って、ユーロかドルで利益確定する。そういう売り買い（換金）の判断材料を、リアルタイム――最短1分刻み――で得ることができる。こういう「投資」に関心がある人は、ぜひ使ってみるといいと思います。

ただ僕がここで重要だと思うのは、仮想通貨が、ドルやユーロなど世界の基軸通貨を含む各国法定通貨と同等に、「世界通貨」の一つとして扱われているという事実です。

投機の対象としての仮想通貨ではなく、「世界通貨としての仮想通貨の価値」を、たとえば「スイスフラン」とくらべてどうなのか、という「指標」も示すことができます。あくまでも、参考にすべき材料として、ペアを組んだその国は、仮想通貨をどう見ているのかを知るということになります。

もちろんここには、仮想通貨と仮想通貨のあいだで価値を競いあうことによる仮想通貨の通貨単位の値＝価値が相対的に決まる「仮想通貨による仮想通貨の相場」が形成されているという仮説が必要で、話は込み入ってきますが、通貨の資格という意味ではシンプルで、どんな通貨であれ――法定通貨であれ、仮想通貨であれ――それを通貨つまり「価値を乗せるメディア」として「受け入れる人、受け取ってくれる人」が増えれば、それは通貨の資格を持つことになります。

法定通貨は、その国の国民全員が、国内では当然に使うことを定められた通貨ですから、基本、国民全員がその通貨を「価値を乗せるメディア」として「受け入れる人、受け取ってくれる人」です。

ですから通貨としての資格を持つことは当然です。その価値は国内では、固定されています。「一万円」札に「一万円」と印刷されているかぎり「一万円」は「一万円」であるという意味で固定です。しかし、なぜこの一枚の紙が「一万円」の価値を乗せているのか？　を説明することは僕にはできません。

トレーディング・ビューのこのチャートは、法定通貨であれ、仮想通貨であれ、その絶対価値ではなく、その相対価値を表しており、「円」で何が買えるか、自動車が何台買えるか、という意味での絶対価値を表すものではありません。

つまり、このチャートは、各国法定通貨は、とっくの昔に「絶対価値」を失っている、あるいは「絶対価値」など求めなくても、やっていけるという「信仰」によって、リーマンショックまで走り抜けてきた、その通貨たちの姿を示しているのか？　と思ったりします。差益をとった人は、そのお金で自国で買い物をするかも知れません。しかしそういうメイキングマネーを、なぜこういう相対相場でやる必要があるのか？　勝つか負けるか以前に、この「相場（市場）」が、何をしているのか、何によって動いているのか、ここまで来ると例の、ゴールドを価値の裏付けとして流通した金本位制の兌換紙幣から、金の裏付けなしに「価値の乗り物」として流通し、今にいたっている「円」や「ドル」や「ペソ」、そしてそこにあらたに登場してきた「仮想通貨」という流れを、「通貨の歴史」としてみることができるか、という話になってきそうです。

僕は当然できるはずだと思っています。ただこの場合には、「ドル／円」のような相対ペアを作れるはずがなく、たとえば「ビットコイン／円」という相対はとてもおかしなものだと思います。

なぜなら、ビットコインにかぎらないイーサもＭＩＮＥも、仮想通貨は、どこかの「特定の国の通貨」ではない。

からです。

初めから、生まれたときから a great traveller in the world(訳注：日本のことわざ「カネは天下の回りもの」に近い英語のことわざ。詳細は次節参照)だからです。

貨幣・通貨の価値の裏付けとはいったい何か

ここで、訳者さんに助けてもらいながら日本語の「為替」という言葉の歴史を調べてみました。するととても面白いことがわかってきたのです。

「為替」というものは、もともと遠く離れたところに、お金を送るために使われた仕組みだったということです。国内でも遠方に送る、海外に送るならどこであれ遠方ですが、この海外の場合が「外国為替」と呼ばれたのだということがわかったのです(岩村充『中央銀行が終わる日』新潮選書を参照)。えっ、「送金手段」のことじゃん! 仮想通貨ならまんま送金できるのに! などとつい思ってしまいました。

また「絶対価値」と「相対価値」というのは、僕がチャートを眺めながら考えたことを整理するために勝手に名づけただけです。しかし、金や銀や銅がそのまま通貨だった時代は別として、金本位制の金の裏付けがあるから、この紙幣は絶対的にありがたいものだ、などと、日常的に通貨を使う人々が考えたとは思えません。

いわゆる「国際協調」とか世界政治の仕組みの性格を持つ仕組みであって、いわゆる経済活動に根ざすものではないのではないか、と僕は思います。だから「制度」、なのでしょう。ちなみに現在、トレーディング・ビューに表示される各国通貨は「管理通貨制」のもとで流通していることになります。そして、絶対であれ、相対であれ、固定相場制から変動相場制に切り替わった1900年、世界インフレがいったんおさまったのだそうです。　変動相場制はそういう良い「効果」も一瞬ですがもたらしたと。しかしだからといって、「差益」っていったい何なのかの説明にはいっこうになっていません。

結局のところ、ベネズエラの「石油」に裏付けられた仮想通貨、ビットコインの半減期アルゴリズムによる「希少性」の獲得など、法定通貨でいえば変動相場制に移行する以前の、金本位制固定相場制の時代にさかのぼってみることで、それぞれの価値の源泉が何かを問い直しそれを実装する、もしくは「仮想通貨特区のような経済圏」を実証実験することでしか、法定であれ仮想であれ、通貨というものの〈真価〉はつかめないと思います。

こういうと難しいことに思えるかもしれませんが、「使ってみたら便利だった」「使えて助かった」というユーザエクスペリエンスこそが価値の源泉（ソース）だとすれば、やはり「仮想通貨で買い物できる」経験を提供していくことが、もっとも込み入らないシンプルなやりかたで、かつ重要な事業だと思えるのですが。そう思えてきませんか？

貨幣・通貨の価値の裏付けは何か、というのは非常に難しい問題ですが、仮想通貨ビットコインはアルゴリズムによって一つの答えを出しています。

半減期によって発行量がゼロになるようにプログラムされているからです。

２１４０年、「希少性」のリミットに到達したビットコインは、まさに「デジタルなゴールド」になろうとしているといえるかもしれません。

価値の裏付けを失ってさまよう——外為チャートを見るかぎり——ように見える法定通貨を尻目に、仮想通貨は「デジタル技術」によってその答え＝裏付けを作り出そうとしています。つまり「信用」です。

ビットコインの半減期プログラムは、ＦＸのチャートにはりつき、株式や先物取引からの派生商品、金融工学による金融商品にとりつかれてしまった目には、決して見えないもの、つまり絶対価値としての「金（ゴールド）」を、「こうやれば、作れるんですけど」と、ウォール街に向けて放った、サトシ流のジョークなのかもしれません。

「お金は世界中を旅する偉大な旅人」であって然るべき

この本では「法定通貨」という用語を、「仮想通貨」とならべでこれでもかというほど使っています。ビットコイン、イーサリアムなどの仮想通貨が出てくるまでは、ただ「通貨」とか、「お金」とか言っていればすみました。「円」も「ドル」も「ペソ」も、そのほか世界の国々すべて「お金 Money」「通貨 Currency」以外にはなく、とくにそれらがどんな「通貨」であるのかを分け隔てて、区別しながら何かを言ったり書いたりしなければいけない理由は、まったくありませんでした。どこの国であれ、「お金は、お金でしょ」でなんにも問題はなかったわけです。

では、なぜわざわざこんなややこしい区別が必要になってきたのか。それは世界中の人々が日々、それぞれの国で普通につかっているそれぞれの国の「お金」に新しく「仮想通貨」というものが新規に登場し、世界中で「使う」ようになったからにほかなりません。

「投機的投資」の「銘柄」の名前として広まった感の強い日本では、仮想通貨は「使う」ものだ、送金したり、買い物に使ったりするものだ、という実感――これを僕はユーザエクスペリエンスと呼んでいる――を持つ人は、ごくわずかだと思います。

しかしアジアでは――アジアでも――、仮想通貨を「便利に使えて助かった」というユーザエクスペリエンスを持つ人は増えています。

フィリピンでは香港に出稼ぎに行く人が多いです。彼らは香港で働いて得たお金を、家族に送金するのに仮想通貨を普通に使っています。通常の国際送金には、バンク・オブ・アメリカがよく使われますが、フィリピンの人々にとっては、この「送金手数料」がバカにならない額だから、というのが仮想通貨が選ばれる大きな理由の一つです。もっとも国際送金の手数料が高いと感じているのは、フィリピンの人たちに限った話ではありませんが。

日本には「カネは天下の回りもの」ということわざがあります。これは英語にも近いものがあって、ほかにもいろいろありますが、僕が知っていて気に入ってるのは、次の言葉です。

Money is a great traveller in the world.

日本語にすると「お金（貨幣）は、世界中を旅する偉大な旅人だ」といったところでしょうか。お金＝貨幣で辞書的にはいいのですが、世界中をかけめぐるのなら「通貨Currency」だよね、でもゆく先々で、持っているお金（Money＝貨幣）を、その国のお金に両替しないとだよね、とかいろいろなことに気づけて良いセンテンスだと思います。良くないですか？

これから来るマネー・ウォーズ時代に備えて

仮想通貨はこのことわざがいう世界旅行者のように、「両替」の必要なし、国際「送金手数料」なし、で世界中をかけめぐることのできる初の世界通貨と言えなくもないのです。

サトシ・ナカモトのBitcoinブロックチェーン技術＝「仮想通貨」は、インターネットが「情報」をa great traveller in the worldにしたように、「貨幣・通貨」をa great traveller in the worldにしつつあると言えます。これは、「言葉」でいえば「英語は世界の共通語」という場合の「世界共通語」に近いものと見ることもできるでしょう。

えっ、でもお金の場合は世界中を旅する偉大な旅人は、「ドル」なんじゃないの？　そのとおりです。「ドル」はアメリカという国の「法定通貨」です。それがなぜ世界の「基軸通貨World currency／Key curency」となったのかは、この本の範囲を超える話ですが――こういうこれまで知らないままでも、すますことができていたこと、知ってるつもりであたりまえ、と思ってきたことを、その歴史を見直すことで、まったく新しい発見がもたらされることがあるのも、僕が「はじめに」で述べた、仮想通貨がもたらすリバースエンジニアリング効果の一つなのですが――19世紀後半から第一次世界大戦までは、イギリスの「ポンド」が基軸通貨だったことは、世界史の教科書に出てきます。

第一次世界大戦後、疲弊したヨーロッパの通貨に代わって、アメリカの「ドル」が強くなり主役として登場したってわけです。話を「法定通貨」と「仮想通貨」に戻します。

MINE構想の話をごく近い人と話しているとき、ウォール街での仮想通貨の扱い方をめぐる歴史の話になりました。歴史といっても2008年から2014年くらいまでの話なので、4年ほど前の話、Bitcoinのサトシ・ペーパーから数えても10年しかたっていないのですが、あれこれ話しているうちに、彼女が「それって、ウォール街発 マネー・ウォーズ勃発！、みたいな近未来戦記SFになりそうね」と言ったのです。

訳者さんが、「序文」でとりあげてくれた、ニューヨーク州金融局の「仮想通貨」――この呼び名自体、金融局が作ったのだろうと僕は思っている――に対する「規制」の姿勢を見ると、もちろん実弾が飛び交うウォーではなく、喩えではあるけれども、「法定通貨」VS「仮想通貨」の戦い、のようなものは確かにあるなと、僕も思います。

2014年のアメリカでの話ですから、「ドル」VS「ビットコイン」です。これには面白い落ちがあって、当時、金融局で「ビットライセンス」という法律制定の主要メンバーだった人物は、ニューヨーク州金融局の公務員から、ブロックチェーン技術を旧来の金融機関や一般企業の財務勘定系の仕組みの中に導入を図るコンサルタント業に転身して、大もうけしたそうです。

サトシ・ナカモトが作り出したオープンソースを使って、メイキングマネーしたわけです。アメリカには彼だけではなく、「仮想通貨ビットコインで、ドルを稼ぐ」というビジネスをする人は珍しくなく、いかにもアメリカ的というか、ウォール街的です。

法定通貨および貨幣経済の「パラダイムシフト」

「法定通貨」は英語で legal currency または tender です。「法貨」とも言います。こんなこと日頃、「円」や「ペソ」を使って買い物したり、デートで彼女や彼氏と食事したりするときに、まるで意識しません。そりゃそうです。生まれたときから、日本で生まれたら「円」、フィリピンで生まれたら「ペソ」、と決まってるわけですから、「お金」と言えばそれしかないわけで。

これはほとんど言葉に似ています。生まれた国の言葉を使い、生まれた国のお金を使って買い物をする。学校の月謝も、給食も電気代も、初任給も、ネット接続もスマホ代も、あらゆるものが「円」であり「ドル」であり「ペソ」なのですから。じゃあちょっとお金が足りないときに、どうしますか？　アルバイトしたりモノを売ったりして、お金を稼ぐ、あるいはお金を借りるとかします。日常の経済活動以外にも、いろいろとお金は必要です。確定申告をしてしかるべき金額を「納税」する、社会保険料が給料から天引きされる、これも日本なら当然「円」です。

「税金」を「円」で払うというあたりからなにげに「法定通貨」がとても関係してる感じが強くなってきませんか。法定通貨を使って、税法で定められた税率で税金を納税する。そうです、日本に生まれた日本国民なら「円」でしか納税は認められていません。当たりまえじゃん、と思われるかもしれませんが、これは法律で定められている、つまり「法定」にしたがってそうしているわけです。

法定通貨が効いてくるのは、こういういわゆる「国民の義務」とされているような

「お金の支払い」です。外国で生まれて育った人でも、日本に帰化し日本国籍を得たら、この「法定」にしたがって、生まれた国の通貨ではなく、日本円で税金も払う。これが「法定」ということです。だから日常の経済活動で使っている「円」や「ペソ」については、別に「お金は、お金でしょ」で済んでるわけです。

もう一つ大きいのは、各国の通貨、つまり「法定通貨」を発行できるのは、各国の中央銀行だけです。ところが、別の章でもふれたように、「仮想通貨」は中央銀行ではなく、ブロックチェーン技術というものを作り出したエンジニアたちが「独自に発行する」ものです。一つの国には、一つの機関しか通貨を発行できない、その機関から発行された通貨以外は、通貨というものは流通していないというのが、これまでの建前であり、常識のようなものでした。それが「仮想通貨」の登場によって、常識ではなくなってきた。そういうことです。

国ごとによって進化形態が変容する

僕が「ポスト2014」と呼ぶ、アメリカはニューヨーク州ウォール街で起きたことは、いかにもアメリカ的で、アメリカの「13植民地時代」以来の歴史を知ってからコメントしないと間違えると思っていますが、その歴史からすれば、確かに「マネー・ウォーズ」が、旧通貨と新通貨のあいだで勃発してもしかたないよね、というものがあったし、あると思います。合衆国各州の独立性の強さみたいなものも、日本やフィリピンに住んでいると、とても実感できないものがあります。フィリピンでは、「仮想通貨を使えて良かった」というユーザエクスペリエンスは、日本よりも格段に進んでいます。これも国柄と言えるのかどうか、僕にはわかりませんが――父が日本人、母がスペイン系フィリピン人で日本に生まれ、父の海外勤務でフィリピンに住むことになった僕が、フィリピンの国柄までわかるといえば嘘になります――両国ともアメリカとは別のスタイルで仮想通貨の利用は進んでいくはずと思っています。同じアジアでも中国は、またかなり複雑な状況です。詳しくコメントしていると、この本の範囲を超えるのでふれないことにします。

サトシ・ペーパーによるビットコインがリーマンショックの直後に登場して以降、アメリカでは事実、ビットコインに関わった人々が、ＦＢＩの捜索をうけ懲役刑を科された事件が起きています。「戦争」というのはもちろん、思いつきの近未来戦記のタイトルであり、喩えにすぎませんが、中央政府とビットコイン発行者とそれを扱う人々とが、正面から激突する様相を示したことは確かです。

しかし、これは先ほども述べたとおり僕は、あまりにもアメリカ的というかウォール街的なことだったと思っています。アジアではまた違ったことが起きています。

またもう少し仮想通貨の本質的なところについて言えば、法定通貨の発行主体が中央銀行である——日本なら日銀：日本銀行——という意味での「発行主体」は、仮想通貨には、そもそも存在しない、ということが重要です。これについては、また後でふれることにします。

「近未来戦記ＳＦ——ウォール街発　マネーウォーズ勃発！」は、日本やフィリピンでは、たとえ話でいえば、両サイドウィン・ウィンの講和条約を結んで終結するのではないかと僕は予想しています。

このとき日本では、仮想通貨のリバースエンジニアリング効果によって、僕のグランマの時代にはあったという「融通」の経済が基盤として見直されて、これが僕のいうマイニング経済圏では技術的に実装されていくことになるだろうと思います。

あくまでも近未来の話です。僕のグランマの時代の話は、第5章でお話しします。

第4章

ついに動き出す金融革命「ＭＩＮＥ構想」

《マイニング経済圏》の初期エンジンであるマイニングファーム実証実験に立ち会うべく現地に立ったジョージは、そこで構想の仕上げに向かう膨大なアイデアメモを書き綴る。本章は、ＭＩＮＥ構想の具体的な実装のスケッチと、実装の前後に書かれたメモから読みとれる彼の思考過程までを公開するミニ・ドキュメンタリーである。

――中上分維

「お金」はバージョンアップできる

第3章まで、仮想通貨の〈真価〉とは何か？　に始まり、信用と物語の話に貨幣の歴史、サトシ・ナカモトに始まるブロックチェーン技術とマイニング、イーサリアムのスマートコントラクトなど技術について、そして米国事情と日本の状況について、さらに投資の意味と金融商品の話まで、僕の気づきや思うところを含めていろいろと述べてきました。

どの話題も、MINEという構想から広がり、MINEという構想を具体化していくためにチェックしておく必要のある話題ばかりです。

それにしても「通貨」を作り出すということ、「通貨」を扱うということ、そして「通貨」を流通させるということが、どれほど広大な知識と技術を必要とするものであるのか、あらためて気づかされ、われながら驚いています。

しかしこれは、一言で要約することができます。それは、

「お金は、ツールである」

ということです。

前章までいろいろと言ってきたことは、マネー・イズ・ツール、これにつきるのです。そして、僕がＭＩＮＥと名づけたビジョンとアイデアは、「ツールとしての貨幣／通貨」を、「フルスペックで便利に使いこなせる」ようにしたい、「お金を、もっとスマートなもの」にしたい、そしてそのように新しく生まれ変わった通貨によって、近い将来、確立されるはずの新しい経済圏の、エコシステムが広がっていくのではないか？　という技術的意志と期待に裏打ちされています。

この期待をリアルに加速していくためには、何をどう変えていけばいいか、どうやれば変えられるか？　これらを考え抜き、そしてできあがった構想がＭＩＮＥです。

ＭＩＮＥ構想は、ブロックチェーン技術をベースとする、最新の技術を採用することによってブレイクダウンされ、多くの人にとって使いやすい仕組み、コミットしやすいシステム、として実装されていきました（実証実験２０１７年９月完了）。

ただ、第2章で述べたことのくりかえしになりますが、ブロックチェーン技術があるから、ＭＩＮＥが生まれたのではありません。ＭＩＮＥという構想を実現するために、ブロックチェーン技術が採用されたのです。ビジョンあっての技術です。ですから技術は、またさらに、まったく別のものへと進化していくかもしれません。

すでに述べてきたとおり、ＭＩＮＥは従来の通貨（各国法定通貨）だけでは、むずかしいとされてきたことを、デジタル技術でクリアすることをめざして、新しいアルゴリズムによって実装されつつある「マイクロペイメント」[※1]や、「スマートコントラクト」など、イーサリアム Ethereum 以降の仮想通貨が備える便利な機能をフルに実装しています。

マインＭＩＮＥは、これらに加え、「アフター・ビットコイン」としてのイーサリアムを、さらに拡張するという意味合いで、「アフター・イーサリアム」としての拡張性を備えるべく、さらに開発は続きます。ここで「開発」というのは、ツールとしての「お金」をバージョンアップしていくことにほかなりません。

お金を使えば使うほど増える2層構造とは

ツールとしての「お金」は、いくつかのさらに小さなツールがパーツとして組み合わさり――このパーツをモジュールということもあります――、歯車にたとえれば、大きな歯車と小さな歯車がうまく噛み合って、全体がスムーズに回ることで、経済圏をかたちづくっていきます。大きな歯車は時間的視点でいえば「長期的」で、小さな歯車が「短期的」と言ってもかまいません。ＭＩＮＥ構想から生まれた仮想通貨は、この二つの歯車、つまり二つの機能を発揮する複数のツールを兼ね備えた通貨です。

経済学の用語を借りて言えば、マクロ経済とミクロ経済の良好な相関、もっと言うなら、二つの相乗効果を生み出すことが、ツールとしての「お金のミッション」であると僕は考えています。

しかしだからと言って、僕がそういう経済のありかたを「計画」して実現するというのではまったくありません。

この「ツールとしてのお金」の基盤技術は、何度も本書で取り上げている「ブロックチェーン技術（分散型台帳）」なので、「計画」することなど、そもそもできないのです。

この技術による「決済」の完了が、確率論的過ぎる、そこが限界だという議論もありますが、そこは僕は、ほとんど心配していません。

まずは、レジで買い物をするという意味での、「決済」が安全確実に完了すること、あるいは「送金」と「着金」が安全確実に完了すること、このことが経済圏成立にとっての必要条件だと考えているからです。

「確率論的すぎる」ことを問題にするのは、旧来の「融資」をはじめとする金融業務にブロックチェーン技術を応用する、いわゆる「フィンテック」の側から見た「問題点」です。いわばどちらかというとマクロ経済からの視点です。

しかし仮想通貨、法定通貨を問わず、経済圏を形成する「土台」は「買い物」に代表されるミクロな経済なのではないですか？

第1章で取り上げたサトシ・ペーパーの表題を思い出してください。彼のペーパーのキーワードはElectronic Cashです。財布（ウォレット）やポケットに入れて誰もが持ち歩いている「現金」であることを忘れないようにしたいと思っています。

なぜ大小の歯車を例にこんな話をするかというと――これは僕自身、訳者とのメールのやりとりをしていて気づいたのですが――ＭＩＮＥ構想は、大きく2層構造になっていて、この2つが大きな歯車と小さな歯車のように組み合わさることで、法定通貨ではできなかったことを実現できる、新しい経済圏のエンジンになりえているのだ、という説明のしかたが、より多くの人にＭＩＮＥ構想の特長を理解してもらえる有効な方法だと気づいたからです。

大きな歯車と小さな歯車が組み合わさっているというのは、もう少し具体的に言うと「お金を使えば使うほど、お金が増える」経済圏ということです。

「お金を使う」のは、いわゆるごく日常的なショッピングに代表される「消費」です。ミクロな経済です。そして「お金が増える」のは、法定通貨による「貯蓄」「投資」などいわゆる「資産形成」に相当します。

「資産形成」をマクロと言っていいかどうかは、僕には自信がありませんが、「お金を使うこと」つまり「消費」が「通貨」的であり、一方「資産形成」は「退蔵[※2]」されるという意味で「貨幣」的であるということは、言っていいと思います。

経済圏は、「お金が動く」ことによって成立します。これは便宜上の使いわけにすぎないのですが、動くお金が「通貨」、じっとしているお金が「貨幣」で、この意味「資産」は「貨幣」かもしれない、と言い換えてもいいと思います。

MINE構想は「2層」からなる、と言ってみたのは、この「通貨」と「貨幣」の連続性のようなものを、なんとか説明したいと思ってのことです。これは「法定通貨」では成立がむずかしい、「仮想通貨」だからできる「貨幣」と「通貨」の新しい関係とでも言うべきものだと、僕は考えています。

ＭＩＮＥ構想から生み出された「お金」は、この言い方でいうと、「通貨」であって同時に「貨幣」でもある、ような「お金」です。つまり「資産」形成をしても、通貨を貨幣として退蔵することがなく、逆にお金を通貨として買い物に使っても、それが「資産」形成に直結するという意味です。

これを「お金を使うと、お金が入ってくる」仕組み、と言っているわけです。マジックでもなんでもありません。事実、ＭＩＮＥは、この仕組みを実装しています。

このことは、第5章の「１００年の時を超えて語り継がれる自動化の夢物語」を読んでいただければ「なんだ、そういうことか」と、納得してもらえると思います。しかしこの、「なんだ、そういうことか」ということさえ、実現できていないのが、法定通貨の世界なのです。

誰かが、サトシの「発明」を「コロンブスの卵」だ、と言ったそうですが、ＭＩＮＥ構想にも、これに似たところがあります。

「私がやったあとなら、誰でもできる――コロンブス」。ただし、ＭＩＮＥは「アフター・ビットコイン」としてのイーサリアムの、そのまた「アフター・イーサリアム」としてのコロンブスの卵です。

新しい富の泉をコンピューターが探査する

このへんを理解してもらうために、さらにＭＩＮＥ構想の2層構造について、プログラミング言語の「低級と高級」を例に眺めておきたいと思います（ＭＩＮＥ構想の「2層」は先ほどもふれたとおり、便宜的に説明として使いますが、どちらか一方が一方に固定されているわけではなく、相互に連関しあってマイニング経済圏の経済活動を活発にしていくものだ、ということをこの例で示しておきたいのですが、うまくいくかどうか。めんどうだと感じる方は飛ばしていただき、次の節に進んでいただいてもかまいません）。

別にむずかしい話をするつもりはありません。ＭＩＮＥ構想は、「土台」——マクロ経済、ミクロ経済になぞらえればミクロ経済——から出発する、その意味では実にプリミティブなところから出発する構想です。しかしだからこそ、より「スマート」なツールとしての「お金」の使い方を実現できるのだという話——つまり設計思想です——をプログラム言語の分類になぞらえて述べておきます。

「土台」に近い「低級言語」＝「機械語」にくらべれば、よりニンゲンの直観に近い、つまり自然言語に近いものを「高級言語」とする分類の話です。

ＭＩＮＥ構想は「土台」的でありながら、「ユーザフレンドリーな高級言語」でもあるという意味なのですが、プログラマの方にとっては、どうってこともない常識にかこつけた、説明のための方便です。次節でお話しする「アジア大陸は北方の大地に立つ」、というのはこの意味で言えば、決して単なるレトリックではないことを前もって伝えておきたいのです。この表題の「大地」とは、いうまでもなくここで言っている「土台」に相当します。

ここで僕は、どうやら「コンピュータが大地を耕す。新しい富の泉をコンピュータが探査する」ということを考えているのだということに気づき始めています。「耕す」というのはマイニングの「採掘」ではなく、もっと広い意味での話です。いわゆる「デジタル技術」が、「モノ」のレベルまで達することで、これまで考えられなかった新しい経済の「土台」を発見しようとしているのではないか、ということなのですが……。うまく伝わるかどうかわかりません。プログラム言語の話を続けます。

この「土台」と「高級言語」の関係は、コンピュータで言う、「ハードウェア」と「ソフトウェア」の関係と見ることもできます。

コンピュータのハードディスクドライブはモーター駆動でディスクが「回る」――ディスクは円盤のことです――クラブハウスミュージックのレコード・ターンテーブルのように回転する「機械」です。デスクトップマシンだけではなくスマホも、この意味で機械です。この意味での「土台」に、もっとも近いところを直接プログラミングする言語を「マシン語」または「機械語 machine language」と言います。そしてこういう言語を英語では「low level 言語」、よりニンゲンが使う言語に近いプログラミング言語を「high level 言語」と言います。

この二つが、日本語に訳されて、それぞれ「低級言語」と「高級言語」という漢字で表されているわけです。漢字が苦手な僕でなくても混乱します。「低級言語」に分類される「機械語」のほうが、扱いかたには高度な能力が求められる面もあり、いわゆる「能力が低い／高い」を意味する「低級／高級」ではありません。

僕は、「low level言語」は「土台言語」と読み替えるのがいいと思っています。建物にたとえたほうがわかりやすいかもしれません。

機械語は高層ビルの基礎部分、つまり地上一階にもっとも近いところにあるプログラミング言語です。実際、ビルも地上一階からさらに地階には機械室があったりします。

僕が父から手ほどきを受けた「C言語」は、日本語の「低級/高級」の分類で言うと高級言語ですが、僕は高層ビルの土台――つまり地上に近い低層階――から最上階まで昇ったり降りたりできる言語だと考えています（仮想通貨になくてはならないブロックチェーン技術も基本的な部分は初め、サトシ・ナカモトがC言語で書きました）。プログラミング言語の学習が、今でも「C言語」から始まるのは、コンピュータの機械的物理的な土台――ハードウェア――まで理解することのできる言語だからです。

ＭＩＮＥ構想は、エンドユーザーにもっとも身近な「土台」の層から、日頃は意識されることの少ない「高層階」までが、相乗効果を生むように設計されています（そして僕がアジア大陸は北方の地で発想したものの一つが、いちばんエンド・ユーザに近い「MoT：Mining of Things」という発想でした。この話はもう少し後で述べます）。

ここでもっとも伝えたかった重要なことは、ブロックチェーン技術を基盤に進められてきた構想の「開発」と「実装」は、たしかにプログラミング言語を含むデジタル技術によるものであり、そこから生まれる「通貨」は、サイバー空間を流通するディジタルな通貨ですが、この通貨をツールとして「使う」ことで行われる経済行為と、その積み重ねによって形作られていく経済圏は、地上に立つニンゲンによって行われ、成立する大地的なものである、というあまりにも当然な、しかしつい忘れられがちな真実なのです。

アジア大陸は北方の大地に立って

2017年の初秋、僕は父の父たちによって満州とよばれていたこともあるという広大な大地に立っていました。そのさらに北方に立地する巨大なファームを写真に収め、そしてここから起動する新しい経済圏である《マイニング経済圏》を実行Runするためのプログラムを、確実にスピーディにアジャイルに走らせていくのだという意志を、自分の足でその大地に立ち、あらためて確かめておきたかったのです。

もちろんこのファームFarmは、外観から連想されるような産業革命以降の製造工場Factoryではありません。ですから「ここから起動する」という意味は、あくまで「ファンクション（機能）」として、という意味で受け取っていただければと思います。

今後、世界で稼働している他のファームと連携していく可能性も、もちろん排除していません。その連携のためにも、どんな要件を備えていれば連携に値するかを確認することができる、多くの貴重な「実証データ」を、このファームから得ることもできています。（訳者注：ジョージが「原型」と呼ぶこのマイニングファームは中国・内モンゴル自治区に立地する）。

その意味では、他のどこでもないアジア大陸は北方の大地に立地するこのファームは、マイニング経済圏を起動し、円滑な経済活動を支えていくエンジンの第一号であり、僕にとっては、やはり重要な原型と言えるファームなのです。

同時に、このファームは将来的には、ソフトウェアとして「純粋なファンクション〈機能〉」へと姿を変えていくことになるのかもしれません。そしてMINEを「使う」ユーザにとっては、大地に建つものでありながら、一つの〈機能〉として現れるはずです。

このファームが果たす役割は、先ほどの高層ビルのたとえで言うなら、「高層階」に相当します。言うまでもなく、ファームは大地の上に建っているのですが、MINE構想が生み出した仮想通貨であるMINEのユーザが、「直接に」そこで何かを得るというものではないからです。しかし、この後お話しする「MINEウォレット」などによって、多くの人が仮想通貨のユーザエクスペリエンスを得ていくためにも、欠かせない仕組みとして背後で稼働しつづける重要なエンジンとしての役割、機能を担うものとして重要です。

母の言葉であるタガログ語をいれると僕はトリリンガルですが、残念ながら中国語は簡単なあいさつくらいしかできません。それでも現地の人々に助けられながら、次節で述べる「GPU調達の壁」を突破するために、現地のメーカー技術者との会見を重ね、MINE構想の重要なエンジンとしてのファームが、僕が設定した条件を十分にクリアする状態で稼働することができるという確信を得ることができるまで、それこそ自分の体力フルスロットルで、あちこちを動き回りました。

こうして、従来のマイニングでは不可能だった、理論値としては半永久的に稼働し続けるマイニングを維持する仕組みを現地で整えてきました。そして同時に、この仕組みによって実現されるエコシステムのアイデアを、大地を駆け巡りながらメモに書き、構想の最後の仕上げを行っていきました。

思えば、あるカンファレンスで僕がアイデアをスピーチしてから、3年弱でここまで来たのです。われながら、高速で走り切ったという、満足感と疲労感がないまぜになったような不思議な感慨を、大陸の風に吹かれながら感じていました。

ここから、ファームで得られたデータをもとに実現していった具体的な仕組み（＝大きな歯車）やツール（＝小さな歯車）について話していきますが、得られた実証データのすべてを語っても、読み物として決して面白いとは言えません。数字の羅列だったりするからです。[※3]

MINE構想の実現によって、仮想通貨のユーザエクスペリエンスを、よりリッチなものにしていくことができることを、多くの人に実感をもって理解してもらえるものを中心に、そのハイライトだけかいつまんでお話しします。

燃え上がるGPU、燃え上がる闘志

マイニングファーム Farm は、外観から連想されるような工場 Facory ではない、と言いましたが、ＭＩＮＥ構想にとっての、大きな到達目標であるマイニング経済圏を起動し、円滑な経済活動を支えていくエンジンとしての第一号である、北の大地に建つこのファームには、広大な敷地内に約1万台の「機械」が設置されています。まだ段ボール箱に入ったまま、開封を待つマシンたちも構内に、ところせましと山積みになっています。

かつてマイニングは、通常のパソコンでもできていました。現在でもホビー的にパーソナルコンピュータを使ってマイニングする人はゼロではなく、こうしたマイナー・スピリットを僕は尊重しています。しかし、アフター・ビットコインの時代を迎えて、より速い演算処理能力を持つマシンが必要となり――これは仮想通貨の流通速度に相関します――、これにともなう専門知識と、システムを円滑に稼働させるためのマネジメント能力までもが必要とされるようになってきています。この意味では、製造業における設備投資に近いものがあり、安定稼働を実現するためのさまざまな条件をクリアすることが必要です。

僕がアジア大陸は北方の大地に降り立ったのも、マイニング経済圏への意志を確認したいだけのためではなく、確かめた気持ちをしっかり保ちながら、そのまま現地ですぐに、安定的かつ長期的稼働の条件を詳細に洗い出し、この条件を100パーセント満たす万全な状態で、ファームを本稼働させることが目的でした。

マイニング専用機には、機械学習やディープラーニングなど人工知能の開発に使われることで、一般にも広くその名が知られるようになったNVIDIA製のGPUや、マイニング専用に開発されたASIC：Application Specific Integrated Circuit という集積回路が必須です。これら集積回路や、GPU：Graphics Processing Unit グラフィックス プロセッシングユニットは価格的にも、一般のパソコンが搭載するCPU：Central Processing Unit セントラルプロセッシングユニットにくらべると、数倍から数十倍もする高価なものです。

そして、ＭＩＮＥ構想の実現にとって欠かせないマイニングのスケールは、これまで誰も経験したことのないような高い演算処理能力と、長時間の継続的マイニングに耐えるマシンの耐久性が求められます。

幸いにも「はじめに」で述べたとおり、僕のアイデアの実現を応援しようという人々によって資金に不足はありません。しかしだからこそ、ファームの安定稼働を実現するための条件クリアに向けて、どこにどう資源を配分するべきか、まちがいのない的確な判断をしなければならないという重大な責任が、僕の肩には重くのしかかっていました。

ＭＩＮＥ構想の実現のために採用したマイニング専用機は、ＮＶＩＤＩＡ製に代表されるＧＰＵ搭載マシンです。このＧＰＵマイニングにおけるマシンの耐性については、あらかじめ調査を行っていて、だいたい2年が限度であるということはデータ上把握できていました。

ところが、僕の目の前で、データ上の把握だけでは、何ひとつわかったことにならないのだということを、思い知らされることが起きたのです。テスト用に用意して

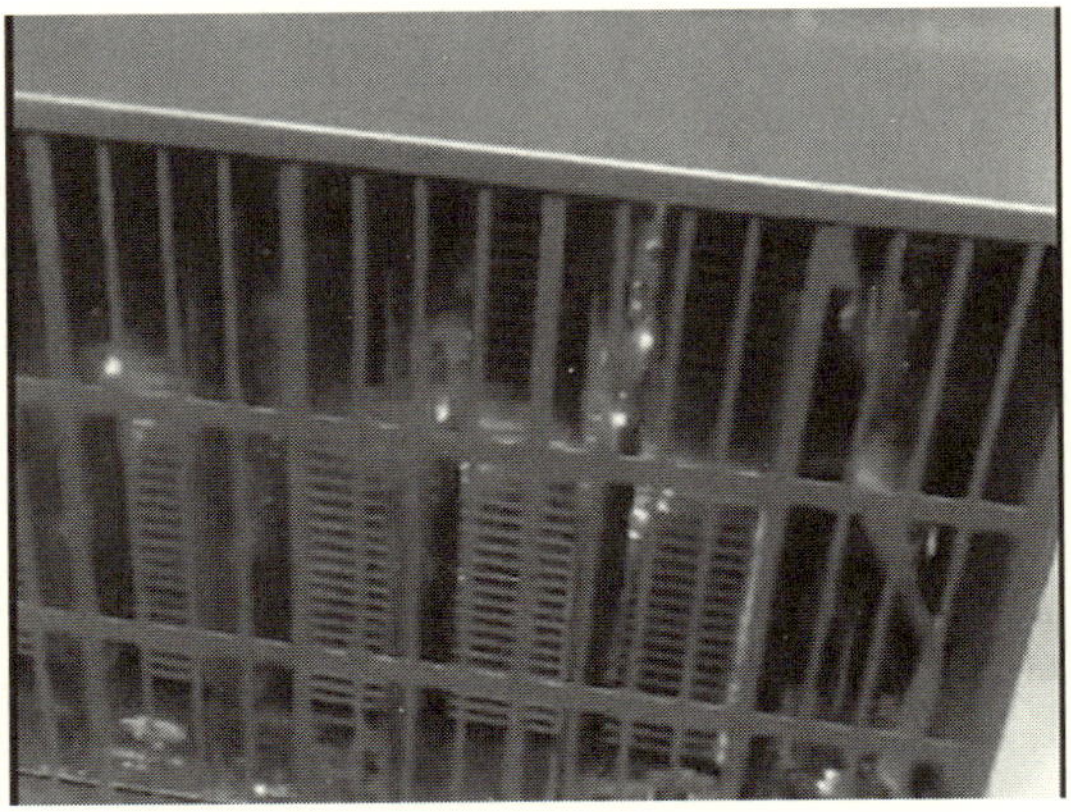

燃え上がるGPU。GPU搭載のマイニング専用機の耐用年数は約2年だ。

あった耐久性限界に近づいているＧＰＵを思い切って起動させ、数分間動かした直後のことです。ＧＰＵは実際に炎を上げて、燃え上がりました。

データとして把握していたとはいえ、目の前で火を噴くＧＰＵを見るのは初めてのことです。ショックでした。僕のあたまの中で、不安が広がっていきます。機械には、なんであれ歩留まりというものが存在します。出荷された製品の何パーセントかには、不良品が含まれることがあります。それを一台一台、検品して確かめないといけないのか？

リコールはクルマや、ＩＴ関連では

アップル社のＰＣでも、起きることです。めったにあることではありませんが、起きるときには起きる。それを、この1万台のマシンに対して起きうる確率をあらかじめ確かめることはできない。稼働させる以外ない、稼働してみなければ、確かめられないからです。

眠れない夜が、ようやく明けた翌日の朝のことです。解決策は意外にも、すぐ早く僕の頭の中にやってきました。これもコロンブスの卵と言っていいかもしれません。「そうか、ＧＰＵ搭載マシンの耐用年数2年を、2年ごとにやってくる損耗分と考えるから固まってしまう。この損耗分をなんとかしなければ、メンテナンスしなければ、と考えるから不安になるのだ。損耗ではなく、耐用年数2年を、〈再投資〉のサイクルと考えれば、むしろこれは拡大再生産につながるってことだ！」

僕の目の前に立ちふさがった、マイニングにはなくてはならないＧＰＵが、2年おきに焼き切れてしまうという「大問題」は、こうして「2年サイクルでの〈再投資〉のタイミングが巡ってくる」と読み換えることによって、むしろさらに新しい経済圏を拡大していく仕組みのアイデアの源泉になっていきました。

耐用年数のテストで目の前で火を噴いたGPUのその炎は、むしろ僕の闘志を燃え上がらせることになったのです。以来、僕はこの発想の転換を〈ｒｅマイン〉[※4]と名づけて、マイニング経済圏の仕組みをさらに幅広く考えていく源泉として位置づけるようになりました。

ファームは、機械の集積です。仮想通貨であるマインを、「使う」というユーザエクスペリエンスは、当然ここにはありません。しかし、このファームが理論値としては半永久的に、安定的にマイニングを続けることができるという環境を確立したことで、サイバー空間を流通する仮想通貨の価値が、「モノに付与されていく」という、実体貨幣と仮想貨幣の区別を無意味にするかもしれない、まったく新しいアイデアと、その実装を可能にする道を開いてくれたのです。

北の大地から、香港を経由して、フィリピンにいったん戻った僕は、さっそく訳者にメールを打ちました。

「ファームはだいじょうぶ。いけます。現地で思いついたキーワードが〈reマイン〉なんですが、これで再投資対効果のシミュレーションをしてもらえませんか。それから法定通貨と仮想通貨をブリッジするユーザ向けのカードも仕組みを考えているので、日本でコンタクトすべき候補をリストアップお願いします。」

メール本文に現地でメモったさまざまなアイデアを入力し、実証実験の膨大なデータファイルを圧縮して添付し、送信ボタンを押しました。

北方の大地へは、ＧＰＵを現地調達するために再び向かうことになるのですが、この話は、またいつか。

スマートコントラクトをモノの世界まで拡張するMoT

現地を訪れて得ることのできた成果は、まだまだたくさんあります。なかでもＭＩＮＥ構想にもとづいて、イーサリアム拡張を進めるＭＩＮＥにとって、もっともそのビジョンに近づけたと僕自身が確信している、ＭｏＴ：Mining of Things の発想を得られたことは最大の成果と言えます。

実はこのアイデアは、北の大地で聞いた話から、ひらめいたもので、そうかもうそんなことまでやっているんだ、と感心しながら聞いているうちに、「それって、モノのマイニング」つまり、「モノにマイニングに関係するものを載せてしまうということだよね、それならもっと対象は拡大できるはず」と考えて、ＭｏＴ：Mining of Things という言葉をその場で作ってしまいました。

どんな話だったかというと、文房具屋さんで消しゴムを買うと、ビットコインのような仮想通貨がもらえる。オマケがついてくる、というより「買い物をするとお金が増える」というまさにマイニング経済圏の発想そのものといっていいことが中国では、すでに実装されていて、それが楽しみで少年たちは、その文房具屋で消しゴムを買うのだという話だったのです。彼らは「消しゴムを買う」だけなのですが、１個買うごとに彼らのウォレットにマインならマインがチャージされていくわけです。文房具屋さんで売られている「消しゴム」を買うと、「１マインがつく」という例が、中国にはすでにあったのです。

消しゴムを買うごとに仮想通貨を新規発行するという仕組み、僕がＭｏＴと名づけたこの仕組みは、日本で広く普及していると聞く「ベルマーク」の仕組みを、仮想通貨の価値をモノに付与することで、実現していると見るとわかりやすいかもしれませ

MINE ウォレット

MINE ウォレットの詳しい情報は、こちらのＵＲＬへ。→ http://qtz.pw/18/

ん。

どうせなら、仮想通貨を「使う」人にとっては、ほぼ必需品と言っていい「ハードウェアウォレット」に、このＭｏＴの機能をつけたらどうか？　帰国してすぐにメールを打ったのに続いて、このアイデアも訳者さんにメールしました。すると、日本にこのアイデアに乗ってくれて、製造販売を手伝いたいという有志が手を挙げているという返信が三日後に届いていました。

そうか日本にもけっこう理解の速い人たちがいるんだと感心してる暇もなく、「ハードウェアウォレット」の仕様ラフでいいのでほしいという要望メールが届き、送り返すと、モックアップの写真が一週間後に届きました。

それがＭＩＮＥのロゴが入ったＭＩＮＥウォレット[※5]です。

ＭｏＴによる開発「商品」＝「モノ」の第一弾、あえて第一弾にすぎません、といっておくべきでしょう。ＭｏＴの機能を付与できる対象としての「モノ」の範囲は、もっと広げることが可能です。文房具のようなコモディティから、家電、自動車、耐久商品に至るまで組み込みが可能です。

ＭｏＴのアイデアを、ごく身近な人に話したときに「ＩｏＴと関係あるの？」と聞かれたことがあります。結論から言えば、ありません。ただ、ＩｏＴ：Internet of Things も「モノのインターネット」で、サイバー空間の外にあって、これまでネット接続されることのなかったモノをインターネット接続し、情報のやりとりができるようにしたり、オペレーションを可能にするなど、モノと情報（データ）をつなぐという点は、「モノのマイニング」と近いものがあると言えるかもしれません。

近い将来には、自動車を買うとガソリン代もＭｏＴによって支払いをすることができたり、めんどうな車検の手続き――これはモノというよりイーサリアムのスマートコントラクト拡張ですが――ＭｏＴで済ませることができる。こうしたＭｏＴが開くマイニング経済圏へのマイルストーンが、ＭＩＮＥウォレットです。広い意味ではイーサリアムの「スマートコントラクトSmart Cotract」を、「モノの世界まで拡張する」と言ってもいいでしょう。

通貨として必要な二つの資格について

マイニングファームの実証実験を終え、北の大地に立っていろいろと駆け回っているあいだにひらめいたアイデアを続々とメールし終えて、あらためて構想全体の考え方を整理しておこうという気持ちになっています。

「ＭＩＮＥ構想」にもとづいて実装される仕組みを動かしながら、「マイニング経済圏」と僕が呼んでいる経済圏を、どのように実現していくのか？　を具体的に考えてきたということが、この構想の土台であり、出発点でした。

第3章でも述べたとおり「仮想通貨」の画期的な点は、それが実現する（とされてきた）数々の利便性を備えていることにあるのはもちろんのこと、何よりも「新しい通貨を発行する（＝創り出す）」ということにあるのだという思いを帰国してからますます強くしています。

ビットコインに始まった仮想通貨も「通貨」であるかぎり、多くの人に使われ、広く流通することなしには、通貨としての資格はありません。通貨の資格には、

1.「決済手段」として使えること

2.「汎用性（転々流通性）」をもつこと

この二つがあるとされています。ここにあげたものは、岡田仁志著『歴史から考察する「貨幣らしさ」の正体――仮想通貨に「信頼」は成立するのか』という論文（ダイヤモンド社ハーバードビジネスレビュー）から、僕が訳者に助けてもらいながら、ポイントをアレンジして箇条書きにしたものです。

1.はまだ狭い範囲ではありますが、実現されつつあります。2.は「汎用性」が

法定通貨の条件、「転々流通性」が仮想通貨の特性としてあげられているものです。「転々流通性」は、不特定多数の「人と人とのあいだ」で決済に使えるという意味ですから、すでにその実績はあると言えます。

「汎用性」は、「どんなモノとでも交換できる」ということです。この論文には法定通貨の資格条件との比較もことこまかに書かれているのですが、すでに前章までに具体的にふれてきたことでもあり、ここでは省略しています。

ある仮想通貨が経済圏を確立するということは、これらの条件を満たしながら、かつ広く流通していくということですから、いまここで言葉で言っているほどたやすいことではありません。

仮想通貨という用語についていろいろと考えた第1章でも述べたように、なによりもまず「仮想通貨を使えて良かった、助かった！」という経験をした人が、先進国であるほど、まだまだ少ないという事情があります。デジタル系商品についていわれるような「ユーザー・エクスペリエンス」が圧倒的に不足しています。

〈経済圏〉が確立するということは、「１マイン」で「１００円」のリンゴが何個買えるか？　ではなく、「１マイン」でリンゴが何個買えるか？　と考えて電卓をたたくことが普通になり、あたりまえになる、ということなのです。FXの円対ドルのレート計算機を使っているうちは、仮想通貨の〈真価〉を知ることはできません。

さて、それでは「マイニング経済圏」が確立されるまでに、あとどれくらいかかるのでしょうか？　僕の予測では、２０３０年くらいには、

「このリンゴ、１マインだったんだけど、けっこうおいしいよ」

といった会話が、ぼちぼち聞こえてきたりしてるんじゃないかと思っています。

もちろん未来資産として、マイン――ＭＩＮＥの単位通貨名です。英語で大文字でも小文字でもかまいません――を保有し続けるというのもありですが、通貨としては流通速度を上げていく必要があります。

そこで僕は、ひょっとするとアダム・スミスが『国富論』で言った、私欲と公益の理想的関係そのままなのではないかと思える、マイニング・スピリット、マイナー・スピリットを大切にしながらも、マイニングの作業を、むしろ量的に拡大するべきだ、

継続すべきだと考えました。

取引量つまりトランザクションが増えれば、その公正さを証明していくアルゴリズムも改良されていく必要があるだろうし、ビットコインの決済待ち時間が10分というのは解決されるべき課題です。いまのところ、ほぼマシンパワーに依存するのが現状ですが、歴史の例でいえば産業革命のエネルギー問題に近い段階を、クリプトカレンシーは通過しようとしていると思います。マシンかアルゴリズムか？　これを、21世紀的な新しいリスクテイク＝チャレンジのありかただ、と僕は言ったのです。

持続可能なマイニング経済圏

すでに一定の評価を得ている仮想通貨プラットフォームのあいだでも、マイニングについては考え方がいろいろあって、今後どうしていくかについても、すでにさまざまな議論があるようです。

たとえば、第1章でコメントしたＮＥＭ（NewEconomyMovement）ですが、スタートは2015年3月で、僕が言っている「ポスト2014」の通貨です。NEMはスタート時から、マイニングをしない仕組みになっています。

ブロックチェーンの公正な取引を証明（Proof）し、第三者機関に依存しない「信用」形成を支えるマイニング＝プルーフ・オブ・ワークProof of Work：PoWの代わりに、最初からプルーフ・オブ・ステイクProof of Stake：PoSと呼ばれる仕組みを取り入れたからです。

PoSというのは何か？「保有による証明」という直訳から、だいたいのイメージをつかんでいただければ十分です。会社経営における経営方針に影響力を与える株式所有割合を連想しませんか？どうも通貨というより、ため込まれた貨幣を思わせます。

優良株の長期保有のように仮想通貨を資産として保有するのはいいですが――MINEも資産形成的なシステムを実装しています――、スタート時点からマイニングを採用していない意味が、僕にはよくわかりません。

いや、それはPoSではなく、ハーベスティング（収穫）だ、と言われる詳しい方がいると思いますが、ハーベスティングも一定量以上のXEM（NEMの通貨単位）

保有条件をクリアした者に「収穫」を得る権利は限られていたと思います。

どちらにせよ、公平な競争原理にもとづいてブロックチェーンの信用を維持する、不特定多数のマイナーの仕事であるプルーフ・オブ・ワークProof of Work：ＰｏＷのほうが、エコノミーの原則には、ふさわしいのではないでしょうか。

プルーフ・オブ・ステイクProof of Stake：ＰｏＳについては、ＭＩＮＥがプラットフォームとして採用している、イーサリアムEthereumでも、議論されているようです。プルーフ・オブ・ワークからプルーフ・オブ・ステイクへの段階的移行です。イーサリアムは、マイニングによってプルーフ・オブ・ワークを行うことを否定しているわけではありません（なお、ビットコインの場合は２１４０年にはマイニングしたくてもできなくなります。ビットコインの半減期が無限小に達しゼロになるからです。すでに保有しているものの価値は失われません。発行量＝単位価値の初期設定の問題です。イーサリアムは無限です）。

原則、不特定多数の自発的なマイナーによる技術的合意形成か、「コインを多く持つ者ほどコインを多く手に入れられる」というプルーフ・オブ・ステイク＝保有による証明か、そう簡単に選択できることではないように思います（一説によると、イーサリアムがプルーフ・オブ・ステイクに移行した場合、１０００ＥＴＨのデポジットが参加資格になると言われています。そのときのイーサの価値によって変動はありますが、だいたい日本円にすると一人当たり一億数千万円が必要ということになります）。


　では、いったいＭＩＮＥはどうするのか。

　やはりＭＩＮＥは、これまで「マイニング」という言葉を聞いたこともなかったという人たちにも、マイナーを続けてきた人たちにも、同等の資格で、仮想通貨を使えて良かった、というユーザエクスペリエンスをよりリッチなものにしてもらえる仕組みを維持していくためにこそ、マイニングファームの安定的稼働を持続していくことを選択するでしょう。

　マイニングを行う通貨はイーサリアームをメインとします。先ほどもふれたようにイーサリアムが将来的にＰｏＳへ移行した場合は、マイニング対象を他のＧＰＵ系ＰｏＷ通貨へと移行することが考えられますが、マイニング経済圏の実現への意志は変わることは、ありません。

「お金がなくても困らない」と言える日を目指して

ＭＩＮＥ構想の全体がフルに実装されて現実になった世界では、どんなことが起きるのかをイメージしやすい、具体的なハードウェア、「モノ」としての「ＭＩＮＥウォレット」で第４章を締めくくるのは、理由あってのことです。

一つの理由は、僕のビジョンが具体的な形をとるまでの話をすることで、日本の読者にＭＩＮＥの良さを実感的に知ってもらうこと、仮想通貨への理解をシェアしたうえで、マインによって仮想通貨のユーザエクスペリエンスを、よりリッチなものにしてほしいと思っていること、これを目的にこの本が書かれているからです。

だから、僕のはビジョンだけじゃないよ、これだけ具体的なものを作り出して、たくさんの人に使ってもらえるようになってるんだよ、ということを、知ってほしいと思ったのです。

「まえがき」まで書いてくれた訳者には申し訳ないことかもしれませんが、僕はたんに「ビジョニスト」と呼ばれるのを、実は好みません。僕がしたいことは、ビジョンを現実にしていくこと、組み立てて行くことです。

この章は初め、2つのパートに分ける計画でした。僕の構想が二階建ての建物のようになっていること、かつその建物の二階と一階はつながっていて、一階の様子が変わると二階の様子も変わるし、二階が変わると一階も変わるというように、関係しあっている。これはもちろん好循環なのですが、二次元では、とても説明しにくいものです。この本のキーワードでいうと、「貨幣」と「通貨」にあたると思うのですが、どちらが二階で、どちらが一階なのかを決めて、固定することはできないからです。

二つめの理由は、やはり仮想通貨の〈真価〉に関係しています。最近の日本でもよく話題になるという「いわゆるデジタル技術」が、実現しようとしている社会の先行き――落合陽一氏が提案している「デジタルネイチャー」などとも関係しています。この話は実は、最初の章から僕がこだわって来た、クリプトカレンシー（暗号通貨）を、日本語で「仮想通貨」とも呼ぶときの「仮想」という漢字ときつくリンクしていると僕は考えているわけで。

これは「モノと情報」とか「情報とモノ」とか、僕の親父の時代から続いてきた議論とも関係があるようですが、面白いのは日本語でも、どちらも「使う」ものとして扱われるということです。モノはもちろん使うモノが多いと思いますが、情報も「情報は、うまく生かして使おう」とか「情報を使いこなして説得する」とか言います。

たとえば「ＭＩＮＥカード」も一枚のカードであると見ればモノです。機能はそれぞれ違いますが、「使う」という実感は、「ウォレット（財布）」にも「カード」にも共通してあります。仮想通貨には、この「使う」という実感がまだない。「まだ」ないのか、それとも「すでに」「もともと」ないのか、は微妙です。「ツールとしてのお金」、「スマートなお金」になると、お金を「使う」という実感は、ますますなくなるかもしれないのです。

しかし、よく考えてみると、ウォレットを使うのも、カードを使うのも、お金を使うのも、厳密には、その「機能」を使っているのではないですか？　「クレジットカードをペーパーナイフのように使う」ことはできるし、「ウォレット（お財布）にガムを入れて入れ物として使う」とか、「紙幣をメモ紙として使う」ことはできるかもしれません。でもそれは、クレジットカードを使ったり、ウォレットを使ったり、お金を使うことではないでしょう。僕らはつまり、それらの「機能」を使っているのです。この「機能」さえ安全確実に働いていれば、いいのではないのか？

つまり、お金がなくても、その機能が使えて、その機能が働いてくれていればいいのではないか？　この意味で「お金がなくても困らない」、と言える日がいつかくる。第4章の冒頭で「お金は、ツールである」と言ったのは、そういうことでした。

新しい価値や信用が生まれる時代へ

仮想通貨の真価を問う話から始めて、モノで終わるのはけっこう面白いんじゃないかと思っているのですが、何が面白いのか、どこがどう面白いのかを伝えるのは、なかなか難しいことだということも、ここまで書いて実感しています。日本のテレビで高視聴率をとったと聞く「プロジェクトX」――この主題歌を父が好きで、僕もよく聞かされた――のようなメイキングもので、ドキュメンタリータッチな映画にでもしないと、これはなかなか伝えられないのかもしれません。さて「現実」に戻って、本当にこの章をしめくくります。

「ＭＩＮＥウォレット」はモノといっても「商品」なのですし、すでに述べたとおり、僕が《マイニング経済圏》が現実に広がっていくときに、その経済圏のコアになる「モノ＝商品」としてのマイルストーンです。「ＭＩＮＥカード」も、すでにある「実体通貨」との交換機能を持つので、これもマイルストーンといえなくはないです。

しかし「ＭＩＮＥカード」[※6]は、デビットカードとして日本なら「円」、アメリカなら「ドル」、フィリピンなら「ペソ」といった、各国の法定通貨の「裏付け」の延長線上にあります。

僕は別に法定通貨（これを仮想通貨に対して実体通貨という人もいる）の「信用」を否定するつもりはないし、否定したらＭＩＮＥ構想自体が進まないです。ここはなんであれ「ニワトリ／タマゴ問題」[※7]なので、僕だけではなく、他の誰が説明しようとしても、明快な説明はできないだろうと、これだけは、自信をもって言えます。

そこはむしろ「信用」というものを、仮想通貨の〈真価〉がリバースエンジニアリングし、「拡張」していくと考えるしかない。僕は、そう思います。だからこそ、「実装」を進めているわけです。

この実装が「キャッシュレス」の実現度合い、言葉を換えれば「スマートさ」の実現度合いを変えていきます。このスマートからすれば、「MINEカード」は移行期のモノで、新しいマイニング経済圏へのブリッジモデル（架け橋）だということになります。

現状は、むしろ「貨幣」というものを生み出してしまったがために、圧倒的に有利なはずの「電子マネー」への移行さえ、足踏みしてる感じがする、のろのろとしている、と僕には思えます。そのスピードを変えるのがMINEによる《マイニング経済圏》でもある。《マイニング経済圏》が広がっていくことで、電子マネーなど通貨のデジタル化は、より理想的なかたちで、よりスムーズに進展いくだろう、そして、あらゆる「手続き」や「支払い（取引）」が、「すべて」一括で簡単に、しなくてもいいムダな手間ひまをカットして、スマートに完結する時代がやってくる、と確信しています。そして、その経済効果たるや、絶大なものがあると確信しているのです。

なお以上は「ＭＩＮＥ」の概要です。ホワイトペーパー（目論見書）ほか事業計画などを詳しく知りたい方は次のＵＲＬよりアクセスしてみてください。

ホワイトペーパー（日本語）

https://mine-coin.net/document/wp/ja.pdf

ホワイトペーパー（英語）

https://mine-coin.net/document/wp/en.pdf

公式ホームページ

https://mine-coin.net/

第4章　章末注釈

【※1】マイクロペイメント：micropayment。通常の支払いシステムで、少額の決済を行うと手数料などの経費が支払額以上にかかる場合が多い。この問題をクリアして少額の金銭の支払いを可能にする手段として考案された。小額決済、超少額決済ともいう。"micropayment"という言葉はアメリカでの1ドルの1000分の1＝ミルを意味し、ミル単位の支払いを効率的に実現する支払いシステムとして考案された。ブロックチェーン技術を使うことで、手数料などの経費を、さらに削減することが可能になる。

【※2】退蔵：物資・金銭などを、使用せずにしまいこんでおくこと。「資産」は、多くの場合、「退蔵されている貨幣」と考えることができる。

【※3】訳者による補足：マイニングファームについて「再投資」による投資効果をシミュレーションするとおおよそ次のようになる。

ＩＣＯによる資金調達が100億円を達成したと仮定する。これは著者が現地でマイニングファームが稼働条件を完全に満たしうることを実証したことを受けて行われたシミュレーションである。ＩＣＯ参画者は、それぞれ希望額で参画するが、、調達分合計100億円分のＭＩＮＥが参画額に応じて分配される。集まった100億円を初期費用とし70億円でマイニングファーム及びマイニングのマシーンに投資。30億円分は運営資金及び広告費用として使用。70億円分の設備投資――マイニングマシン――）は月に投資額の金額にして８～15％のＥＴＨを採掘。投資額の12％の採掘とすると初月ＥＴＨの採掘額は８・４億円。この１ヶ月目で採掘した８・４億円の内、10％を「ストックイン」として保有。これを毎月繰り返すとＭＩＮＥはＥＴＨの保有を増やしていくことになり、ＭＩＮＥの価値は高まり続ける。１ヶ月目で採掘した８・４億円の内、20％はＩＣＯによってＭＩＮＥを所有した人たちにＭＩＮＥ保有量に応じて採掘したＥＴＨを配布。一定の基準を設けた上で毎日分配する仕組みだ。１ヶ月分で採掘した８・４億円の内、70％をＭＩＮＥ採掘のためのマシン増設費用とすると理論値で翌月の稼働するマイニングマシンはＩＣＯで最初に投資した70億円分のマシン＋再投資したマイニングマシンでの採掘となる。つまり初期投資70億円分から初月に生み出される８・４億円の内、70％となる５・８８億円分は翌月には採掘するためのマシンに姿を変え、２ヶ月目には採掘のために稼働のマシンの合計金額は75・８８億円。２ヶ月目は75・８８億円分のマシンで採掘。採掘するＥＴＨは投資しているマシンの投資額からみて12％であるから、75・８８億円の12％、９・１０５６億円分のＥＴＨを採掘。この２ヶ月目に採掘した９・１０５６億円の内、10％をストックインとして保有し続け、20％をＭＩＮＥ保有者に分配し、残り70％を再度、採掘用のマシンとして再投資する。つまり９．１０５６億円の70％の６・３７３９２億円は翌月には採掘するためのマシンに姿を変える。よって、３ヶ月目に採掘のために稼働するマシンの合計金額は２ヶ月目に稼働していた75・８８億円分のマシンに、さらに６・３７３９２億円分のマシンを増設した分となる。３ヶ月目に採掘のために稼働するマシンは75・88億円＋6・37392億円となり、82・25392億円分のマシンとなる。3ヶ月目に採掘されるＥＴＨの採掘額は投資額の10％となるが、初月70億円であったものが3ヶ月目には約82億円の10％となる。毎月毎月、再投資を繰り返していくので採掘するＥＴＨは月を増すごとに増えていくことになる。

【※4】〈reマイン〉：マイニングファームへの再投資を「reマイン」呼んでいる。この再投資を行うことが、ＭＩＮＥ構想のコアの1つであり、マイニング経済圏の発展を持続可能なものにしている。世界各地のマイニングファームとの提携も行っていく。ただし著者が実証実験をとおして定めた基準にかなうファームに限られる。

【※5】ＭＩＮＥウォレット：ジョージがマイニング経済圏の重要なキーとして重視するＭｏＴ（Mining of Things）実装の先駆け的「商品」。詳しくは、zeni-cloud.comを参照下さい。

【※6】ＭＩＮＥカード：各国法定通貨とのエクスチェンジ機能も持つデビットカードとして開発される。仮想通貨が利用可能な店舗では、もちろんそのまま、仮想通貨による決済が可能だ。

【※7】ニワトリ／タマゴ問題：Chicken-and egg Problemは、広義のプラットフォームが直面する問題。できたばかりのプラットフォームへの参加コストは、そこから得られる価値よりも大きいものになってしまう。規模が大きくなれば、誰もが喜んで参加するが、初期はそうはいかないことが多い。この問題を解決する方法の一つは、「大きな初期投資によって安定性を確保すること」とされる。ＭＩＮＥ構想におけるマイニングファームへの投資は、この解決策に近いと見ることができる。

第5章

マイニング経済圏が実現する近未来

《マイニング経済圏》開発のプロセス・オーナーとしてのジョージにとって、MINE構想に、終わりはない。日本を含む世界の経済インフラ技術革新の動向を、ブロックチェーン技術は、はたしてリードできるのか、できないのか？　キーワード〈自動〉〈自律〉の視点からスケッチする。まだ、SFにしてしまうのは、早すぎる？

――中上分維

SF映画に「お金」が出てこない本当の理由

僕はあまり映画は見ないほうです。映画を作りたいとは思っています。ただ『ブレードランナー』は、よく観ました。父のお気に入りだからです。

この映画でハリソン・フォードが屋台でソバかなにかを食べるシーンがありますが、あのとき彼は、ソバを差し出す日本人としか思えないソバ屋の親父に、何か手渡してるような渡してないような？　もう一度、あのシーンだけズームインしてよく見てみたい気がしています。もしハリソン・フォードが手渡しでお金を払っていたとしたら、どんなお金・貨幣・通貨だったのか、ぜひ知りたいと思いませんか？　何せこの映画の時代設定は、西暦2019年なので。

ソバ屋の代金はとりあえず忘れることにして、SF映画には「お金」は出てこない、というのは本当でしょうか？　映画に詳しい方は、ＳＦに限った話じゃない、オードリー・ヘップバーンとか、吉永小百合とかが、札束数えてたり、小銭じゃらじゃらしてたら様にならないからですよ、世知辛い世の中を忘れるために映画見るんだからと言うでしょう。

たぶんこの人は僕の父よりも年上です。しかしたしかに「お金」は絵にならない、スマートじゃないと感じているところは一般にどこかにあると思います。なんだか「めんどくさい」ものと思えることはあります。この「お金」というか貨幣、小銭や紙幣には、そういう面倒なものを感じさせる何かがあるのは確かでしょう。だから同じ映画でも、銀行強盗ものの金庫破りや、ギャング映画では、逆にドル札の山がこれでもかというくらい大写しになったりするのではないかと。

日本でも２０１７年の10月に劇場公開された『ブレードランナー２０４９』という映画でオープンカフェのような場所に設置された自動販売機が出てくるシーンがあります。

「ラーメン」とか「コーラ」とか食べ物や飲み物のパネル表示が並んでるところは、

現代の自販機の風景と、ほとんど同じに見えます。しかし、今と大きく異なり、いかにも近未来的なのはコインの投入口が見当たらないことです。

自販機の利用者は、ほしい商品のパネルに手のひらを当てるだけ。すると取り出し口にペットボトルとか缶とかカップが落ちてくる。一種の生体認証ですが、おそらくその背後で、未来のお金の仕組みを動かすエンジンが動いているのだろうと想像させてくれるシーンでした。

すでに「キャッシュレス」という言葉だけは使われています。しかしこの映画が描くような世界こそ、完全な「キャッシュレス」世界です。「キャッシュで払いますか」「カードにしますか」という選択肢はありません。それどころか、ＭＩＮＥカードのようなカードさえ存在していません。

このシーンを見るかぎり、西暦２０４９年にはもう「お金」、と言っても財布に入れて持ち歩くコインやお札は、完全に消えています。

そういえば、第1章で取り上げたサトシ・ナカモトの２００８年の論文 Bitcoin : A Peer-to-Peer Electronic Cash System も、キーワードはタイトルからはっきりわかるように、Electronic Cash「電子現金」、デジタル化された「キャッシュ」です。エレクトロニックとデジタルの違いとか、言葉を気にし始めるときりがないのですが、すくなくともサトシペーパーのどこにも仮想通貨という語は見当たらず、ただシンプルに『ブレードランナー2049』が描くような、キャッシュ（現金）を持ち歩かなくてすむ「キャッシュレス」な世界を作りたかったのではないかと思います。

そしてこの発想を受け継いで「買い物」という「お金」の介在する「契約」からさらにその範囲を拡張してさまざまな「手続き」にまで応用範囲を広げているのが、イーサリアムのSmart Contractの「スマート」だろうと考えています。

こうした発想の原型にあるのが、なんとこれも「自動販売機」にあったことは、第2章で述べたとおりです。

「スマート」と「自動化」は密接にリンクしています。「マイニング経済圏」というのは、このリンクを技術の面から見ると「オートメーション化された」世界です。

貨幣や通貨の自動化という夢が仮想通貨を誕生させた

そこに「かけなくてもいい、ムダな手間ひま」、または「ムダにめんどうくさいこと」、そういうムダを、限りなくゼロにしていくのが、Smart Contract であり、そしてこのアルゴリズムが、経済活動のインフラとなっている近未来社会を、僕は「オートメーション化された世界」と呼びます。

しかし、MINEがその基盤として採用しているイーサリアムから生まれたこのスマートコントラクトは、実はエンジニアのあいだでも定義が定まっていません。

定義はどうであれ、僕はこのアルゴリズムを活用してMINE構想にもとづくシステムを、エンジニアとともに組み上げて、すでに実装しているので、それを「使う」人が増えて仮想通貨のユーザエクスペリエンスが豊かなものになってくれればいいので、いまさら概念定義などはどうでもいいとも思うわけですが、いちおう一般的に言われている定義のなかで、まあこれくらいでいいんじゃない？　と思えるものを、ここに書いておきます。英語圏の技術サイトも含めて、その他、関連本を読みまくって作った要約です。

「スマートコントラクトは、デジタル技術（ＩＴ技術）を使って自動化された契約行為のこと。サトシ・ペーパーに始まる仮想通貨の基礎技術であるブロックチェーン技術の流れでは、イーサリアム上に実装されたプログラムのことを言う。」

いろいろ技術解説書に書かれていることを僕が最大公約数的にまとめると、こんなものになると思いますし、これで十分です。「自動化：Automation」に一切ふれることがないような説明は、ほとんどないと思います。

概念としても、この「自動化」は重要です。

この章にかぎらず、本書でスマートコントラクトにふれた箇所では、おおむねその広げ方の幅に差はあっても、「広い意味での」「広義での」スマートコントラクトについていろいろと述べているところもあるのだ、ということをお断りしておきます。

何よりも、技術者たちのあいだですら定義が定まっていないのが現状です。

僕に言わせれば、「定義はいいから、スマートコントラクトを使って、さっさと使えるものを実装すればいいじゃん」となるわけです。先回りして言っておきます。

ただ、この「オートメーション（自動化）」には、技術の外から見たちょっとした説明が必要であると僕は思っています。日本だけでなく世界中で、「オートメーション」と言うと、ほぼ全員が同じようなことをイメージするのではないでしょうか。

「オートメーション」は、これまで主として「機械（ハードウェア）」まわりで使われてきているからです。ですから、多くの人がイメージするのは「自動機械」と言ってよく、具体的に目に見えるものを指すはずです。

しかし一方で、エキスパートシステムなどＡＩ技術が関わる分野でも、オートメーション化アプローチというものが使われはじめたり、目に見えにくいソフトウェアの分野でも使われています。

ＡＩまで持ち出さなくても、もっと身近なテキストエディターで、繰り返し同じ作業を繰り返す、たとえばある単語の置き換えであるとか、空白を取り除く作業であるとか、「マクロ」と呼ばれる小さなプログラムを書くことで「自動化」することはすでに行われています。

パソコン上で使われるテキストエディターはソフトウェアですが、「機械的な」繰り返し作業は、作業の前にマクロを書く「一手間」はあるものの、一度そのマクロを動かせばユーザーは、自分の手を動かすことなく、他の作業をこなしているあいだに、繰り返しの作業はマクロに任せておけば完結するという「自動化」。これは普通に行われています。

この「機械的」で単純な作業は、もはやハードともソフトともつかないもので、たとえていうなら、「ソフトマシーン」のようなものが、すでにいたるところで稼働していると言ってもいいと思っています。

僕が言う「オートメーション化」は、この意味でのもので、自動化された工場、オートメーション工場のオートメーションとはちょっと違うということを、オートマ車とマニュアル車の比較で伝えられるのではないかと思いながら、この文章を書いています。

ニンゲンはいろいろな場面で、「自動化」を実現してきていると思います。なにせオートマであれ、マニュアルであれ、クルマがすでにAuto Mobileですから。

結論から言えば、ニンゲンが持ち続けてきた「自動化」の夢が、ついに「貨幣」や「通貨」に適用されて「仮想通貨」が生まれた、と言っていいのではないか。

僕はそう真剣に考えているわけです。そしてこの夢の実現は、もう止めることはできないだろうと思います（その理由は後述します）。

もちろんマニュアルのほうが逆にスマートである、手間ひまかかって時間もかかるが、そのほうが価値が高いということは、もちろんあるし、未来においても、それは変わることはないだろうと僕も思います。何を、どこを自動化し、何を、どこをマニュアルのまま残すのか、あるいは、「オート／マニュアル」の切り替えができるようにしておくべきなのか、それらについてはＡＩを含む今後の課題だと思います。

自動運転技術の未来はどうなるのか

オートマ車が登場したのは、１９８５年あたりです。ただこのころはまだ、マニュアル車が大半を占めていました。ところが日本では、１９９０年代に入るとオートマ車が急増、２０００年になると、なんと9割近くを占めるようになり、２０１１年には98・5％がオートマ車という時代になりました。

このオートマ車の技術も、アメリカで生まれています。アメリカでは１９４０年代から、この技術が使われていますが、ヨーロッパ車は、現在でも８割近くがマニュアル車だそうです。

ところで英語でAutomatic Transmission：ATの「どこがオートメーションなのか？」考えたことがある人はいるでしょうか。

僕はこのトランスミッションの「自動化」は、究極的には「音声コントロール」とか、「ハプティクス」[※1]に向かう方向もあると見ていますが、これをすっとばして、この後ふれる「自動運転車」に向かっています（この漢字、僕は何度見てもどうしても「自転車」と読んでしまいます。すみません）。

クルマに乗っている友人に――僕はライセンスは持ってますが、自分で運転することがほとんどないので――「どこがオートマなの？　マニュアルとどう違うの？」という聞き方をすると、みんな「はぁー？」という顔をします。人によるとは思いますが、マニュアルの時代とオートマの時代を両方とも経験しているという人は案外少ないのです。多くは、クルマと言えばオートマが当たり前の時代に乗り始めていて、ここそが「自動化」だ、マニュアルと比較して、「オートマ」の素晴らしいところはここだ、というようなことはほとんど意識にのぼらないようです。

最近Googleなども開発競争に加わった自動走行車――Auto Driving Car――と、オートマ車の違いを比較すると、「オートメーション」、日本語で「自動化」と言われるものが実現していること、これから実現しようとしていることにも、僕らにとって「便利な」Auto、なんだか「空気みたいな」Autoなどなどいろいろあることに気づかされます。

オートマ車、オートトランスミッションカーは、ごく簡単に言ってしまえば、ドライバーが操作するハンドル、ギア、アクセル、ブレーキの「力の入れ具合」を最適化してくれるという意味でのオートメーション＝自動化です。

僕が友人たちに「どこがオートマなのか？」と聞いても、はっきりしないのは、「運転しやすくなった」ということにすぎないからでしょう。先ほどのデータを見ても明らかなように、2011年以降は特に、多くの人にとって、比較する対象がないのですから、なおさらです。

そして、自動車については、はじめに指摘したとおり、なにかあいだを飛ばして、いきなり「自動運転車」に進んでいるという気がします。もっとも、グーグルがこの技術開発に参入するのは、「情報からモノへ」という動向を象徴しているという点は注目すべきかと思います。ただ、僕としては、SF映画に出てくるような「ホバークラフト・カー」のほうがよほど未来的で、「自動運転車」は、交通インフラのなかに埋め込まれた、道路の一部のように思えてほとんどワクワク感がないのです。

しかしここにも、スマートコントラクトを組み込むことは可能です。自動車の自動運転化というオートメーションが、交通インフラに関わる技術であるとすれば、仮想通貨による「取引」のオートメーションは、経済インフラとして、社会システムの一部になっていくだろうと予測しているからです。

そして経済インフラとしての「取引（契約）」のオートメーションは、実は交通インフラの自動化よりも早くユーザエクスペリエンスになっています。ということは仮想通貨が登場する前から、そういう経験を多くの人がしているということになりますが、これについては後述することにします。ここでは、もう少し自動車を材料にオートメーションがもたらすものについて整理しておきたいと思います。

決済や契約も必要ないシステムを構築するために

自動車がそもそもAuto Mobileであるように、「オートメーション」というと「機械」、自動機械とか、ニンゲンでいうと身体に相当するところが自動化されてきたというのは歴史的にも、僕らが使う言葉としてのニュアンスとしても、そんなところがあるのは誰もが思っていることだと思います。

父がまだ若かった時代には「オフィス・オートメーション」という一種バズワードがあって「ＯＡ」というと「オフィス・オートメーション」のことだとみんな知っていたそうです。

僕がこの「ＯＡ」と言われていたことに関して重要だと思うのは、このＯＡの「Ａ」は、事務処理のオートメーション化ということで、ニンゲンが操作するオフィス・コンピュータを導入して仕事に使うこと、とにかくコンピュータをオフィスに導入して仕事の効率化を図りましょう、ということだったらしいのです。

「コンピュータ、ソフトがなければタダの箱」ということわざ（？）のような標語も、このころから言われはじめたようです。

今では仕事にパソコンを使うのは当たり前で、スマホも手に乗る小型ＰＣですし、いまやどこにでもコンピュータがある時代です。そしてコンピュータは機械ですが、ソフトがなければただの箱であるのは、今も昔も変わりません。

つまり、父の時代の「オフィスの自動化」は、オフィスに足があって動いたり、ドア開閉や照明点灯、ロックの自動化とかではなく、「事務処理」を速く効率的に実行する主に勘定系のシステムだったのです。

コンピュータは機械ですが、機械としてのコンピュータを「自動化」するのではなく、コンピュータ上で走る表計算ソフトを使いこなすことなどがＯＡとされ、表計算ソフトは普及していったという流れなわけです。

いま振り返ると、これを「オフィス・オートメーション」と呼んだのは、言葉遊びか、セールス的なキャッチコピーだとは思いませんか？

ただここで覚えておきたいことは、「マシンとアルゴリズム」が「箱とソフト」というかっこうで、中身と箱のようにわかれているため、コンピュータという機械は入れ物であるという理解の仕方が広がってしまったことではないでしょうか。

アルゴリズムはもちろん、エクセルなどソフトウェアももっていますが――というよりも人が計算するとはどんな場合のことで、どんな手順で行われ、どんな出力をどのように使いたいかまで含めた「手順」を洗い出して、これをベースにどんなツール（ソフトウェア）を作るかを含めソフトの概念設計が行われている――マイニングの話でふれたＧＰＵやＰＣのＣＰＵにもアルゴリズムはある――ということが、ひょっとすると忘れられてしまったというか、知らなくてもいいことになってしまったのではないか、ということです。

この忘れられてしまっていたアルゴリズムが、仮想通貨によって再び中心的なテーマになってきていると考えると、いろいろなことがはっきりしてきます。

広い意味でとらえれば、この本で扱ってきた「決済」や「契約」のような具体的でありながら抽象的で、かつ誰もが毎日行っていることを、アルゴリズムとしてとらえれば、よりスマートに完結させる経済的な仕組み――インフラ――を実現できると考えて、できあがっていったのがSmart Contractであるととらえることができます。決済であれば、たとえば「レシート」、契約であれば「契約書」は具体的なものですが、決済や契約はレシートや契約書の手前で実は完了したりしているわけです。「レシートなしの決済」、「契約書なしの契約」が成立するプロセスにも「アルゴリズム」があって、それを用いてシステムにしていくことができるという発想がニック・サボの「自動販売機」モデルでした。

日本語で「契約」と言うと、雇用契約なども、場合によっては複数のギャラリーを含む儀式的なことまで併せ持ったマンツーマン、フェイストゥフェイスでないと成立しない「契約」を連想するかもしれないですが——日本だけでなくルソーの『社会契約論：Du Contrat Social ou Principes du droit politique』なんてのもあります——スマートコントラクトが対象とする「契約」はスーパーマーケットのレジで、「お金を払って商品を受け取り。買い物（購入）を完了する」といったごく日常的な「売買契約の履行」まで含んでいます。レジに立つお店の人側からしてみれば、お客さまから「代金を受け取って、お釣りがあればお釣りを返し、商品を渡して販売を完了する」。

これが「売買契約 contract の履行」です。もっとも、この「契約」の範囲をめぐってエンジニアのあいだで定義が決められないとなっているようですが、はっきり言ってどうでもいいです。

ＭＩＮＥが実装する仕組みは、この「お買い物」を含むスマートコントラクトです。ゆくゆくさらに広範な「契約」にまで拡張してオートメーション化していくことは十分ありえることです。

経済活動自体をオートメーション化する仕組み

先述した映画『ブレードランナー２０４９』のコイン投入口には、ＱＲコード読み取りインタフェースも、カード接触面もありません。手でタッチするだけで「注文→支払い→受け渡し」という「売買契約」の履行が完結するというあのタッチパネル型自動販売機は、きっと２０４９年の社会インフラとして目には見えないスマートコントラクトが稼働中なのだろう僕は思います。

これはショッピングする側からすれば「買い物」、お店側からすれば「販売」という経済活動がオートメーション化されていることを表現しているのです。つまり、「買い物」と「販売」のあいだに一切の滞りがなく、スムーズに経済活動が行われる世界と見ることができるわけです。

それを街の光景としてみれば、あるいは買い物する人のアクションとしてみれば「スマート」と言ってもいい。要は、システムから見るか、街の光景として見るのかの違いで、どちらも同じことを言っているという結論になるのです。

だから僕が「オートメーション化」というのは、自動化された工場、機械化された工場のオートメーションではなくて、ユーザエクスペリエンスとしてのスマートさを実現する技術のことを指しています。

もう少しニンゲンの側に近いところの視点から言えば、かけないでもすむムダな手間ヒマはかけたくない、しなくてもいい面倒なことはしたくない。ならば、ムダな面倒はできるだけゼロにしていくことで、手間ひまかけたい創作、料理、ホビー、仕上げたい仕事、やりたい事業など、そうしたことに時間を投入することができるようにな

世界、経済圏をつくっていきたいと僕は真剣に考えているわけです。

なかには「小銭をじゃらじゃらさせるのが好きなんです」「札束を一枚一枚ていねいに数えることに生きがいを感じるんです」なんて人たちもいるかもしれません。

それはそれで、オートマと手動の切り替えができたり、どちらかをいつでも選べるようにしておくということはありかもしれません。

しかし、いま例に挙げた小銭や札束の話は、近い将来においては、ホビーというジャンルに分類され、「札束数え道場」や「小銭音響小ライブ」といった趣向で楽しく遊べるものになっていく可能性が非常に高い。ここで、「価値」――「価格」「値段」ではなく――とは何かという、難しい問題にぶつかりますが、そのあたりはまた別の機会にお伝えするとしましょう。

100年の時を超えて語り継がれる自動化の夢物語

ここでは二つのことについてお伝えします。

一つは「自動化」という夢の実現を、貨幣・通貨の機能という領域に適用し、実現するものが仮想通貨ではないか、という話。

もう一つは、実はすでにそのように自動化されることによる便利さを、僕らは経験している、という話。

この二つの話を語るうえで、まずは「便利」という理由で、すでに多くの人が利用しているいろいろなサービスを紐解いていくことから始めましょう。

現在、カード型のデビットカードやクレジットカード、スイカやＩＣＯＣＡ、ＰＡＳＭＯ、さまざまな店舗のポイントカード、アマゾンや楽天市場などネットショップのポイントなどあらゆるものがあります。

それらが、どう便利なのか、そして、どういう仕組みで便利なのか、不満足が残るのはどんなところかを、総ざらいしていくと、はっきり実感できているということがわかってきます。

いまあるデビットカードやクレジットカード、スイカやICOCA、PASMOなどの利便性は、部分的には少し未来の《マイニング経済圏》でのスマートさの経験、ユーザエクスペリエンスとしては、ほとんど変わらないはずなのです。

しかし、その便利さは「電子マネー」としてもっとできるはずのことが、チャージされているのが法定通貨であるために、電子だからできるはずのことを、まだまだやり残してしまっています。

いま現在の貨幣にくらべれば圧倒的に便利になるはずの電子マネーへの移行は、遅々として進んでいません。むしろ貨幣というものを造ってしまったがために、電子マネーへの移行がむずかしくなってしまった、と言いたくなるほどです。

それでも、ただ「便利」であるからという理由で、仮想通貨の利便性をユーザエクスペリエンスすることになる予告的なサービスが、すでにこれだけあるということを時代を追ってみておきたいと思います。すべて日本で使われてきた、いま現在もさかんに使われているものばかりです。世界史的なエピソードも含めて登場順に並べています。

1961年　クレジットカード

クレジットというのは「貸し方」という意味ですが、これがカードとして普及し始めるのは、さすがアメリカが早く、150年の歴史があります。日本では富士銀行（現：みずほ銀行）と日本交通公社（現：ジェイティービー）が日本ダイナースクラブ（シティコープダイナースクラブジャパンを経てシティカードジャパンに分割）を設立しJCBとほぼ同時期にサービスを開始しました。1961年のことです。1970年代に入って丸井、高島屋など百貨店系のクレジットカードが登場していきます。

1969年　ATM銀行カード

根本忠明著『銀行ATMの歴史』によると、1967年に紙製の小切手スタイルのカードによるCD（キャッシュディスペンサー）がイギリスのバークレーズ銀行ロンドン支店に設置されています。これが世界初のATMの原型です。1970年には、日本でも同型のディスペンサーが三井銀行東京数寄屋橋支店に設置。磁気カード式のものでは、1968年に米国ニューヨークのケミカル銀行に設置。日本で磁気ストライプ付のプラスティックカード、いわゆるキャッシュカードが導入されたのは、1969年住友銀行が最初です。この頃から、「仕送り」も現金書留ではなく、銀行口座から銀行口座への送金に変わっていき、お父さんの給料も振り込みになり、ATMから引き出すスタイルが定着していきます。

1982年　テレホンカード

僕はテレホンカードが、ポイントカードとならんでサトシ・ナカモトのElecitronic Cashの利便性にもっとも近いユーザエクスペリエンスを提供していたと思っています。テレホンカードは日本では1982年（昭和57年）12月に、旧日本電信電話公社（電電公社）が発行・発売を開始し、テレホンカード対応の公衆電話は首都圏から全国に普及していきました。カードなので小銭が不要であり、1度数（10円）単位で引き落とされるためムダがなく、長時間通話でも硬貨を投入し続ける必要がないという、かなり未来的なカードでスマートコントラクトの「スマート」を体現するものの一つではないかと思います。

1989年　ポイントカード

これは仮想通貨が実現する利便性にとって、誰もが身近に利用しているカードとして重要です。今さら説明の必要はないかもしれませんが、正確には「ポイントプログラム」がカードの形をとったものです。ポイントプログラムまたはポイントサービスと呼ばれるもので、「各種の商品・役務の購入金額あるいは来店回数などに応じて、一定の条件で計算された点数（ポイント）を顧客に与えるサービス」です。顧客は、ポイントを次回以降の購入代金の一部に充当したり、商品と交換することができるのはみなさんご存じのとおり。

これをカードの形態で初めて導入したのは、日本ではヨドバシカメラとされています。1989年のことです。「MoT」の説明で、あくまでも比喩として使った「ベルマーク」もポイントプログラムの一種です。

2030年〜　仮想通貨

こうして、「クレジットカード」から始まり、「ポイントカード」に至る流れを見てくると、僕たちは確かに、「お金を扱う」ことに関して、「自動化」の夢を実現し、そして仮想通貨によって、さらに「スマート」な使い方のできる「お金」を作りだそうとしていると思えてくるのではないでしょうか。

実はこの流れは、貨幣の歴史を見ても気付くことであり、また「お金」が「トークン」として、どんな形をもってきたのかを知ることでもあります。

「Token」は、おそらく日本ではプログラムなどIT技術系の用語として知られ、知っている人は知っているという程度の言葉だと思いますが、英語圏では実は日常的にずいぶん以前から使われている言葉です。

フィンテックどころではない!?　ファイナンス大革命

僕自身、この本でも「金融商品 Financial Instrments」という言葉を何度か使っていますが、フィンテック（Financial Technology）についてコメントする前に、この金融 Financial について、どうしてもチェックしておかなければならないことがあります。それは、

「金融は、産業ではない」

ということです。

フィンテック（Financial Technology）というカタカナが日本で使われるようになったのはいつからか、確かめたわけではないですが、僕のあくまでも印象ですが、

仮想通貨とくにビットコインの「ブロックチェーン技術」が注目されるようになってからのことではないかと思います。

「フィンテック」とは日本語にすれば金融技術です。金融工学を連想する人もいるかもしれませんが、似て非なるものです。漢字だと、お金を貸したり借りたりするためのテクニック的な印象を与えるためなのか、金融工学（Financial Engineering）とはちがってカタカナ語として定着しているようです。

金融工学とくらべてどっちがどっちというのは、まるでどうでもいい話ですが数学的には金融工学のほうが高級なんじゃないでしょうか。しかしこの工学がもたらしたものが、サブプライムローンに端を発するあのリーマンショックですから、印象はいまやいいものではありません。

じゃあ、金融技術＝フィンテックは？　これは本書でもさかんにふれてきた「ブロックチェーン技術」を、金融機関業務、一般企業の財務金融部門などのシステムに組み込んで利用しようとする仮想通貨技術の応用です。

僕に言わせれば、はっきりいってたいしたことないです。

サトシ・ナカモトのビットコインに始まる仮想通貨が、「通貨」を発行し、流通させ、便利に使ってもらうことを目的にすでに使いこなしてきた技術にほかなりません。仮想通貨による公正な取引を支えるブロックチェーン技術と、その応用であるフィンテックではどこが、どう違うのでしょうか？

フィンテックと言われる技術も、「スマートコントラクト」アルゴリズムを使いますし、将来的に実現されるその可能性、拡張性を見ていくと、ビットコインに始まるブロックチェーン技術も、フィンテックが応用するブロックチェーン技術もやろうとしていることは違わないではないか、そこをあえて区別する必要はないのではないかと、思われるかもしれません。そこは半分そのとおりで、半分間違っていると言うしかないでしょう。そこを明確にするには、ブロックチェーンを、「パブリック・ブロックチェーン」と「プライベート・ブロックチェーン」の二つに分けて見ることが必要です。

これは訳者から教えてもらった話ですが、日本で出ているビットコインについての本の一冊に「中央銀行が仮想通貨を発行すれば、公的なデジタル通貨で、すでに流通しているビットコインなどの仮想通貨は、私的なデジタル通貨だ」ということが書かれているそうです。僕は、それ真逆じゃないかと声に出して言ってしまいました。

たしかに、中央銀行は公的機関であることに間違いありません。対してビットコインには発行主体は存在しません。その意味では、仮想通貨は「公的でも私的でもない」というのが正確です。どうしても「私的なデジタル通貨」を言いたいのであれば、すでに存在し、誰もが知っていて使えているスーパーやデパートなど店舗の「ポイントカード」、ネットバンクの「ポイント」や、Amazonや楽天市場などeコマース（ネットショップ）の「ポイント」について、まず語るべきだと僕は思います。これら「ポイント」は、条件つき仮想通貨であり、同時にデジタル通貨です（これについては「ＭＩＮＥカード」について書いたところで、少し詳しくふれています）。

中央銀行の仕事は、あきらかに「公け」なものです。対して、ポイントカードのサービスを提供するのは、私企業です。発行主体が「公」か「私」か、ということで言うなら、中央銀行の発行する仮想通貨は、発行主体が「公」なので「公的なデジタル通貨」ということはできるでしょう。ここまでは、オーケーです。

しかし「ビットコインなどの仮想通貨」は「私的なデジタル通貨」というのは、よくわかりません。そもそも仮想通貨に発行主体はない、と僕は考えていますから。

さらに、コンセンサスアルゴリズム――合意形成アルゴリズム――の実行スタイルを見ると、やはり真逆で、ビットコインなどの仮想通貨が採用しているのがパブリック・ブロックチェーンであり、中央銀行が採用するとすれば、それはプライベート・ブロックチェーンになるはずなのです。発行主体が公的か私的か、ということではなく、ブロックチェーン技術の実行、運営スタイルの話です。

ブロックチェーン技術は言うまでもなくコンセンサスアルゴリズムの実装技術です。ここでは、ビットコインと、ビットコインから派生し拡張された、イーサリアムのスマート・コントラクトも含めて実装技術として、この話を進めます。

プライベート・ブロックチェーンの「プライベート」については、各国の銀行が共同で構築しているSWIFTの仕組みを見ると、ブロックチェーン技術運用における「プライベート性」がわかりやすいので、見ておきましょう。

SWIFTは、「国際銀行間通信協会」(Society for Worldwide Interbank Financial

Telecommunication）の略称で、スイフトまたはスウィフトと読みます。

世界の金融機関同士のあらゆる通信にクラウドサービスを提供する非上場の株式会社で本部をベルギーのラ・ユルプに置き、各国金融機関は、それぞれの国に存在するため、各国に協会事務所を置くという、まさにワールドワイドな金融通信システムで、あらゆる国際決済が、スイフトを通じて行われています。

当然、万全のセキュリティが求められるのですが、２０１７年からスイフトでは、ワールドワイドな銀行22行が参加して、「ブロックチェーン技術」の実証実験を開始しています。このこと自体、サトシ・ペーパーに始まるブロックチェーン技術の信頼性を明かしていると言えるので、今後、各金融機関で、この技術がますます注目され導入が盛んになっていくことは確かなことでしょう。このような動きを含めて、「フィンテック」の拡大と見ることを僕は否定するつもりはありません。

さて、スイフトのこの実証実験のキーは「ＰｏＣ（Proof of Concept）」です。これはＳＷＩＦＴが定義する「業務ルール集」を定義していますが、ＰｏＣは基本的にこの業務ルールに則って展開されるとしています。当然のことですが、この Proof of Concept に「不特定多数」のマシンが参加することはありえません。不特定多数が参加できるブロックチェーンの形成を、パブリック・ブロックチェーン、特定のマシンしか参加しないブロックチェーンをプライベート・ブロックチェーンと呼びます。スイフトでは、マシンもＩＢＭ社製と定められています。この話は、どちらがいい悪いということではなく、スイフトが運営するクラウドサービスの性格上、プライベートであるしかないと言えるかもしれません。

しかし、サトシ・ペーパーがそれを技術的に実装することに成功した、「トラストレス・トラスト」、「信用なき信用」の形成という理念はどうなるのか？

僕としては、活発な議論を求めたいところです。

ブロックチェーン技術はAIとは競合しないのか

僕は、ＡＩ：Artificial Inteligence の研究や開発、試作についてはものすごく興味がありますし、言うまでもなくその将来性は大へん高いものだと思います。囲碁や将棋の名人がＡＩに負けたというニュースを聞くと、僕は悔しいと思うほうですが、なぜ勝てたのか、そのＡＩの動きを調べるのは楽しいです。ＡＩを研究している友人もたくさんいます。ＡＩの動向から目を離すわけにはいきません。これから見ていくとおり、ＡＩ進展のキーワードの一つは「自動化」であることはまちがいありません。

この意味で、仮想通貨技術のなかでもＡＩと関連性が高いのは、スマートコントラクト＝契約の自動化の分野だろうと思っていますが、マイニング経済圏にとって最重要な技術であるマイニングにとって、ＡＩがどういうポジションを持つのかを、まずは押さえておくことにします。

マイニングはブロックチェーンを安定的安全に稼働させるための欠かせない仕事です。ブロックチェーンというシステムのメンテナンスをしていると言ってもよいですが、たんにメンテナンスするだけではないことはすでに述べたとおりです。

さてこのマイニング、（今のところ）機械と人との協働作業と言えますが、これを「全自動化する」ことは可能でしょうか？

第４章でマイニング専用機には、機械学習やディープラーニングなど人工知能の開発に使われることでも知られる、ＮＶＩＤＩＡ製のＧＰＵ：Graphics Processing Unit グラフィックス プロセッシングユニットや、マイニング専用に開発されたＡＳＩＣ：Application Specific Integrated Circuit という集積回路が用いられていると述べました。どちらも、やっていることは同じマイニングですが、ＧＰＵを使うか、ＡＳＩＣを使うかで、実は採掘の仕方に差があるのです。

この差を強調して、わざわざ「ＧＰＵマイニング」という言い方がされることがあるのですが、これは二つの意味を持っています。

一つは、ＡＳＩＣマシンではなく、ＧＰＵマシンを使ってるよ、というただそれだけのことで、身もふたもありません。もう一つは、人工知能の開発実装にも使われているＮＶＩＤＩＡのＧＰＵを使っているのだから、どうせならもう少し賢い、「スマートな」マイニングができるようにしたらどうか、というちょっとＡＩ的な含みを持たせた使い方です。機械学習やディープラーニングに力を注ぐＮＶＩＤＩＡ製のＧＰＵですから、そういう期待を持つのは自然です。

では、この意味でのＧＰＵマイニングが実現したときに、他のマイニングにはできないが、ＧＰＵマイニングならできることは何かと言うと、「採掘する仮想通貨を自動的に選ぶ」ことができる、ということです。もちろん、Ａという仮想通貨よりも、Ｂという仮想通貨を採掘するほうが、現時点ではマイニングの成果が高くなる、と判断された仮想通貨を、自動的に選択して採掘してくれるようになる、ということです。

このＡＩにとっての分析対象となる、いろいろな仮想通貨を選択するために、どこを判断基準にすべきか、その基準を区別するためにマークすべきところ――「特徴量」と呼ばれています――を「自動的に」見つけ、いま採掘すべき仮想通貨はこれだ、という判断を「自動的に」おこなって採掘に行ってくれるのが、ＡＩ的なＧＰＵマイニングということになります。

第３章のＦＸについてふれたところで、仮想通貨同士も競争し合っている、と言いました。仮想通貨それぞれの特性、魅力、将来性などを、株式投資で使われるファンダメンタル分析のように品定めすることができます。いや、むしろそのように仮想通貨自体が、それぞれに持つ機能特性や、実現しようとしているビジョンを理解して評価していくべきなのです。もっともこれは、ＡＩがなくても当然やれることですが。

僕はＭＩＮＥ構想を実現するためには、これがもっともふさわしいし、将来性もあるという判断をしてイーサリアムを選択しています。円建てやドル建ての「時価」ばかり気になるうちは仮想通貨の〈真価〉はわからない、というのは一つにはこういうことを言っているわけです。

仮想通貨は、いわばツールとしての「拡張通貨」の開発力を競い合うＩＴ技術「銘柄」と見ることもできるわけで、この先、どの仮想通貨技術が伸びてゆくことになるか、その将来性を判定しようとするのは、健全な市場原理の働きです。

そこで機械学習力を持つ――さらにはディープラーニング力を発揮するだろう――ＧＰＵに、そのつどもっとも採掘するに値する仮想通貨を選択させてマイニングさせようという発想が生まれるのは当然のなりゆきです（なお、もともとＡＳＩＣマシンは、これと決めた一種類の仮想通貨をひたすら採掘するように作られているので、ＧＰＵのような器用なことはできません）。

マイニング経済圏を支える仮想通貨のブロックチェーン技術は、ＡＩ関連技術とは言えるかもしれませんが、ＡＩ技術と競合するものではないし、ＡＩに取って代わられるようなものではありません。演算処理能力の高度化、高速化という点では、量子コンピュータが控えていますが、これが仮に導入される日が来るとしても、マイニングにとって代わるわけではなく、マイニングの複数の方法の選択肢として競合することにはなるかもしれませんが、まだ先のことです。

そしてなによりも、ブロックチェーン技術を基盤として動きはじめた仮想通貨の未来においては、マイニングが必須ではなくなる日が来るかもしれません。すでに仮想通貨によっては、プルーフ・オブ・ワークを採用しない、つまりマイニングを採用しないものも登場しているわけです。ただ僕は2章で述べたとおり、マイニング経済圏を成立させていくための21世紀的リスクテイクとしてマシンを選んでいます。おそらく2030年までは、この判断で問題ないと考えています。

これは余談になるかもしれませんが、ホビーであるゲームマシンからはじまったNVIDIAのGPUが、CUDAという独自のプログラミング言語を走らせて、機械学習やディープラーニングという最新のAI開発実装をリードするに至っているのをみると、仮想通貨の基盤技術に必須のマイニングの進展とも、どこか近いものがあると思えて、ちょっとした感慨にふけってしまいそうになります。

経営者がいなくても事業を遂行できる組織が可能となる理由

僕は毎年開催されているカンファレンスNVIDIA Deep Learning Dayに毎回欠かさず参加していますが、そこで一人の人工知能研究者が発言した「ディープラーニングには、従来のような教師データは、ありません」という言葉を耳にして、これは何かに似ていると思ったのです。

その何かとは、もちろんブロックチェーン技術が実現した「第三者機関なしに成立する信用」、トラストレス・トラストであり、そのさらなる拡張としての、中心の存在しない自律組織、「オートマティック・オーガニゼーション」です。

この自律組織はThe DOAと呼ばれています。Decentralized Autonomous Orgnizationの略称で、直訳すれば「非中心化された自律的組織」です。

イーサリアムを開発したヴィクトリア・ブテリンが提案したもので、自律企業を、The実装する――ソースコードを書き、実際に動くようにする――計画のことを、

DOAと呼びます。実装を計画しているのはスイスのスロックイットです。2016年の前半に、イーサリアムのブロックチェーン上に公開されました。

これはサトシのビットコイン＝ブロックチェーンが、「お金」の取引のしくみに限定的だったものを、さらに拡張する試みの中でも、もっとも遠くまで来たものといえます。遠いというのはブロックチェーン技術を応用しつつも、AIに近いものを連想させるレベルにまで到達しようとしているからです。なぜAIを連想させるのか？　それは、「経営者（＝中心）がいなくても、事業を遂行できる企業組織が可能だ」ということを示唆するからです。

いわば、「自動運転企業」です。サトシのアイデアからは遠く離れて、と言いましたが、基本的な考え方はしっかり継承されている点が、重要です。それは第三者機関に依存しない「信用」の形成、ピアトゥピアによる「合意形成」という基本的な設計思想です。これがなければ、「自律組織」など、そもそも発想しようがなかったはずです。

他の分野で、たとえば動物の「集団行動を統御するもの＝リーダーが存在しない鳥の群れの整然とした飛翔」などについて、自己組織化であるとかオートポイエシスなどの仮説概念は提起されてきましたが、このいかにも現実的なニンゲンの日々の暮らしに直結するような会社組織について、こうした自律の発想が生まれのは、ブロックチェーン技術の実装なしにはありえなかったことだ、ということは明らかです。

このような発展可能性の大きさ、未来性も含めて、仮想通貨の〈真価〉であると、僕は考えています。

シェアリング・エコノミー・オン・ブロックチェーン

ストリーミング配信サイトで2017年に見たドキュメンタリー映画のタイトル"Banking on Bitcoin"（訳注：邦題『仮想通貨 ビットコイン』。日本でもNetflixで視聴可能。監督クリストファー・カヌーチアリ、脚本プリチャード・スミス）から思いついたのが、本章最終節、ということは本書の大団円を飾る表題「シェアリング・エコノミー・オン・ブロックチェーン」です。

僕が見たドキュメンタリーのタイトルは、「な、なんと、あのビットコインの技術を利用して、こともあろうにウォール街の銀行業務を、新しいものにしていくんだってよ、なんてこった！」、というニュアンスだと思います。
「サトシ・ナカモトのブロックチェーン技術を使って、その上に乗っかってウォール街の金融機関が、仕事するんだと。マジかよ？　どうなってんだ？」ってタイトルです。ちなみに、この作品のリードコピーは「銀行なんて、もう必要ない・・？　金融の常識を根底から覆した、完全匿名制デジタル通貨。その舞台裏では何があったのか？」です。このコピーはおとなしすぎると思います。本編、めちゃ面白いです。

僕が思いついたタイトルは逆です。ブロックチェーン技術を使い、ブロックチェーン技術を基盤とすることで、シェアリング・エコノミーの〈真価〉が初めて発揮されるのではないか、という意味合いを込めています。

ですから「バンキング・オン・ビットコイン」のように、既存業務の「改善」とか「効率化」とか、イノベーションを既存の枠内に閉じ込めてしまおうとするかのような、そういうショボい話ではないのです。

「シェアリング・エコノミー」という標語のようなものは、もうずいぶん前から広がっているようで、僕としてはこれには、とくにつけくわえるべきものは何もありません、で終わってしまいます。今のところ、この標語みたいなものは、たとえばUberのようなアプリを使って、自家用車の空席をタクシーのように提供できるシステム、などなどの総称として使われているだけ、という印象をもちます。

「リンクをシェアする」とか「情報シェアします」とか、もう日本語になっている「シェア」ですが、この「シェア」によって形成されるエコノミーって何よ？　という思考＝概念設計がない。だからよそんちから借りてきたネコみたいな感じがするのでしょう。

英語のsharing＝「共有すること」にまちがいはありませんが、リンクをコピペして送るだけがシェアではない、「実物の共有」もシェアだということを――もともとそういうことなんですが――アプリが思い出させてくれているという、よく考えるとちょっとヘンな話でもあるわけで。だから「シェアリング・エコノミーで正規雇用、どうなる？」みたいなニュースの見出しが躍ったりするわけで。

「シェア」って、「分配」とか「分け合う」とか「分かち合う」という意味だということは、中学生レベルの英和辞書にも出てます。「共有」では、このわかりやすすぎるもともとの意味が見えにくいと思いませんか？　もちろんもっと抽象的な意味もあって、ブリティッシュ英語で「share capital」と言えば「株式資本」です。これは「株式」のもともとの起こりをよく表していて、僕が好きな英語の一つですが、つまり大きな樹木を一人で育て支えるのは大変だから、みんなでその根株を分け合って（シェアして）みんなで支えようということです。

父の話では、彼がまだ子どもだったころ母親——僕のグランマ——は味噌汁を作ろうとして味噌が足りないと気づくと、お隣の勝手口から「ごめんなさい、ちょっとお味噌、貸してもらえないかしら」と言って味噌をお隣さんから借りていたそうです。これはお互い様だったようで、グランマが逆にお隣さんから頼まれて醤油とか塩とか貸すこともちょくちょくあったのだと。

父が言うには「融通しあってたんだ」と。でも、さすがに「お米が足りなくなったので」というのはあまりなかったとか。いや、あったかもしれません。

これは、いま言われているシェアリング・エコノミーが、何を実現しようとしているのか、その概念設計を僕なりにしようとしてコメントするのですが、漢字「金融」

の「融」にこだわってみたいのです。

日本語の「金融」は、この「融通」の「融」を取ったのかとも思いますが、日本語漢字が苦手な僕には、これ以上なにも言えません。ただFinanceは「融通」ではない。ただ「決済」、支払いを「完了する」、受け取る側から見れば「受領」を完了する——そのなかには利子・利息・金利も含まれることがあり、あいだに「手数料」つまり取引コストがかかっている——という「取引」のプロセスがキレイに完了致しました、両者ウィンウィンで良かったですね、というのがフィナーレであるFINANCEです。日本語では「清算（?）」に近い意味でしかないことははっきりしてます。法定通貨によるこの取引過程には必ず、あたりまえのように取引コストが介在します。しなくてもいい手間ひま、ムダにめんどくさいことに当たらないかどうか、よく考えてみる必要があります。現状、シェアリング・エコノミーをリードしている「アプリ」は、このコストの問題を解決していないと思われるのですが、先に「金融」の「融」の話を片付けましょう。

第2章でふれたブロックチェーンのピア・トゥ・ピア方式をおさらいしながら、僕はグランマの時代の「融通」を思い出したりしていました。

シェアリング・エコノミーというものにも、父の思い出話に出てくる「融通」を含めて考えている面があるのです。日本語漢字の漢字には強いだろう、日本の読者の皆様、どうぞツッコミを入れてやってください。

さて一般にはシェアリング・エコノミーは次のように定義されています。日本の総務省のウェブページから引用します。

「シェアリング・エコノミー」とは、典型的には個人が保有する遊休資産（スキルのような無形のものも含む）の貸出しを仲介するサービスであり、貸主は遊休資産の活用による収入、借主は所有することなく利用ができるというメリットがある。貸し借りが成立するためには信頼関係の担保が必要であるが、そのためにソーシャルメディアの特性である情報交換に基づく緩やかなコミュニティの機能を活用することができる。シェアリング・エコノミーはシリコンバレーを起点にグローバルに成長してきた。

PwCによると、2013年に約150億ドルの市場規模が2025年には約3350億ドル規模に成長する見込みである。」
（出典）PwC「The sharing economy - sizing the revenue opportunity」

シェアリング・エコノミーと呼ばれることになったサービスの始まりは2008年に開始された「Airbnb」だとされています。以来さまざまサービスが登場していきます。シェアリング・エコノミーの定義を引用した日本の総務省のウェブページは、現在稼働するサービスについて総覧的にコンパクトにまとめられていますので、これを引用要約しながらコメントしていくことにします。

Airbnbへの応用

Airbnbは、空き部屋や不動産等の貸借をマッチングするオンラインプラットフォームである。個人・法人を問わずに利用でき、共用スペースから戸建て住宅、アパート、個室から個人が所有する島まで幅広い物件が登録されている。また、ユーザー間の信頼性を高めるために、過去の利用者による「レビュー評価制度」、写真入り身分証明書などから本人確認を行う「ＩＤ認証」、Facebook等の外部のソーシャルメディアの認証情報を利用する「ＳＮＳコネクト」、利用者に起因する損害を補償する「ホスト保証制度」等の機能が導入されている。なお、利用者による評価は双方向であり、ホストからゲストへの評価も行われる。

Airbnb社によるとAirbnbの効果は地域経済にも影響を与えている。同社の研究によると、ホテルのないところに物件があり、一般の旅行者が訪れない地域企業などにお金が落ちる効果が創出されている。具体的には、サンフランシスコで年間約５６億円、シドニーで年間約２１４億円の地域経済効果が見込まれている。

要するに民泊サービスです。

何かを持っているのに使っていないものを、期間限定で貸し出すことができるマッチングサービス。「民泊サービス」と言ったほうがわかりやすいと思います。マッチングはオンラインだからこそ可能なわけですが、これは基本的にはシェアリングではない不動産選びなどにも使われるもので、特に新しいものではありません。マッチングサイトを訪れる人は宿泊場所を探しているわけですから、利用者からすれば、いわゆるホテルも選択肢に入っている。行く先の近くにホテルがないときに、Airbnb のマッチングは重宝するって感じです。利用料の決済にブロックチェーン技術を使えば、インアウトの記録管理も同時にできるようになるはずです。

Uber への応用

Uber は、スマートフォンやGPSなどのICTを活用し、移動ニーズのある利用者とドライバーをマッチングさせるサービスである。各地域のタクシー会社、ハイヤー会社に加えて、個人のドライバーとも提携をしており、利用者はスマートフォンから配車の依頼をすることができる。現在、57か国の都市でサービスが提供されている。

移動の目的や人数によって、サービスを「uberX（エコカー）」「uberTAXI（タクシー）」「UberBLACK（ハイヤー）」「UberSUV（ミニバン）」「UberLUX（最高級車）」等から選択することができる。なお、都市によって利用できるサービス及び料金が異なり、例えば東京であれば、uberTAXI、UberBLACK、UberLUXの3種類から選択することになる。

uberXは、エコカーを利用して個人で開業しているドライバーが多く、自家用車によるライドシェアリングが行われている。同社によると、uberXのドライバーは1時間20ドル以上の収入を得ることができ7年間平均収入はニューヨークで約9万ドル、サンフランシスコで約7万4000ドルである。そのため、米国等では、ドライバー登録をして収入を得る個人ドライバーが増えている。

同サービスでは、ユーザーが安心かつ便利に利用できるように「過去の利用者による運転手の評価確認」、「事前に登録したクレジットカードからの運賃の電子決済」、「同乗者との割り勘決済」などの機能を提供している。

Uberの利便性は、とてもわかりやすいので、この説明で十分です。「タクシー」と言うよりも、「ヒッチハイク」をインターネットでサポートする仕組み、と言ったほうが僕にはしっくりきます。決済にブロックチェーン技術を導入すれば、利用代金はそのままで、ドライバーの収入が増え、より高収入になります。

Prove Trustへの応用

シェアリング・エコノミー型サービスでは個人と個人との信頼関係が鍵となる。このため各サービスでは、Facebook等の既存ソーシャルメディアと連携したり、サービス独自に利用者間のレビュー評価制度を導入したりして、信頼性の確保に努めているが、一歩進んで、オンライン上の様々な活動履歴からユーザーの信頼度を総合的にスコア化するサービスも提供され始めている。その一つであるProve Trustでは、ユーザーの信頼度を、Facebook、地域情報コミュニティサイト「Craigslist」、Airbnb、ビットコイン、結婚恋愛サイトの利用状況等に基づき、総合的にスコア化するサービスを提供している。評価の内容は、ユーザーが実在する人物かどうかを評価する「Real Score」、ソーシャルネットワーク上での活動の活発さを評価する「Social

Score」、他のユーザーからの評判を評価する「Feedback Score」により構成され、これらのスコアを集計して最終的な信頼度がスコア化される。類似のサービスとして、TrustCloudがある。

信頼度スコア化のための評価ポイントの一つに「ビットコイン」の利用状況があげられていることにご注目を。Prove Trustというサービス名がブロックチェーン技術のProof of Workを連想させます。何よりもTrust「信用」です。インターネット・オブ・マネーとも言われる仮想通貨を支えるブロックチェーン技術が、いずれより広い意味での「契約」を扱えるものへと拡張しようとするときに、連繋できるサービスになっていくでしょう。

「シェアレス・シェア」が実現する未来

総務省のウェブページでは取り上げられていない「ご近所助け合いアプリ」である

AnyTimeを含めて、Airbnb、Uberなどは実際に便利なものなので、日本ではそれこそ2020年の東京オリンピック・パラリンピックの海外からのインバウンド旅行者に向けて、より使いやすいシステムへと総合していく動きも出てくるかもしれません。

こういう動きを加速できるモデルは、やはりインターネットとイーサリアムのブロックチェーンを活用したものだろうと僕は思っています。実際、シェアハウスを実現するブロックチェーン技術の応用を、スイスのストックイットがすでに計画しています。

僕のMoTにも少し近いのですが、インターネットとイーサリアムのブロックチェーンに接続できる物理的な「鍵」を開発しようというのです。これによって、休暇などで家を留守にするとき短期間だけですが、家をシェアできるわけです。宿泊客が、たとえばマインで宿泊料を払っているあいだだけ鍵を開けて家を利用でき、貸し出しの期間が終わると、自動的にロックされるという仕組みです。スマートだと思いませんか？

冒頭にも述べたように、「シェア」はメールやSNSでも普通に使われる、そのシェア＝共有だったりするシェアでまちがいないですが、ブロックチェーン技術によって実現されてるシェアは「トラストレス・トラスト」になぞらえて「シェアレス・シェア」と呼べるかもしれません。

「貨幣」は「言葉」に近いものである

別に世の中のたくさんの人とシェアしたい、つながりたいとかは、思っていない。AがBに正しく安全確実に、送金できればいい、あるいは受け取りができればいい、と思っているだけだからです。これは2章でふれたアダム・スミスの私利私欲が意図せずして結果的に公益を作り出す、国全体の「富」を形成するにやはり近いと思うわけです。Aさんから Bさん、BさんからDさんといったピアトゥピアのトランザクションが活発に行われれば行われるほど、その仮想通貨による経済圏が広がっていく。

もちろん、受け取る側が、支援や寄付を求めている場合もあります。その場合は、ブロックチェーンの「外」で、つまりウェブサイトなどで「シェアリング」を訴求するでしょう。これはこれで、通信技術を使ってネット上で「1円」から寄付を集めることができるという仮想通貨にはできて、現行の法定通貨にはできない大きな仮想通貨のメリットの一つです。それはそれとして、日常的な売り買い、送金入金などの取引のトランザクション量の増加が、シェリング・エコノミーと看板を掲げなくても、国富のようなものにつながっていく面がある、ここを押さえておくべきだと。僕はこれを《マイニング経済圏》と呼んでいます。

ついアダム・スミスの『国富論』(『諸国民の富』)をかじってしまったので——この本も父の書棚からです——毒もくらわば皿までで、えいやで言ってしまうと、彼が書いたもう一冊の本『道徳感情論』が「スピリット」、そして『国富論』が、僕らの時代でいうなら「テクノロジー」だろうと、いちおう整理できてきました。

さて、もっと一般的には、シェアリング・エコノミーというのは、AnyTImeであるとか、とか、すでにアプリもたくさん動いている、そういうのも使いながら、シェアハウスであるとか、これまでの経済活動のなかでは、マイナーであった分野を盛返そう、日本では2020年の東京オリンピックに向けて、という動きのなかで注目もされているわけです。

経済活動とは直接的には結びつかないように見える、音声認識技術の進展とその製品化は間接的にシェアリング・エコノミーを拡大していく技術として注目できます。

最新の音声認識技術の進展は、アルゴリズムの改良によって、人それぞれの声色に関係なく、どんな人の声でも認識可能になっており、すでに30数カ国語を即時に通訳できるツールが開発されています。店頭に立つ店員さんが、胸元にクリップして、インバウンドな海外からの旅行者に対応できるハンディタイプも開発されており、こうしたツールと、仮想通貨を使うことのできるアプリが連動することで、真にワールドワイドなシェアリング・エコノミーが進展していくのではないかと、期待がふくらみます。

貨幣は、言葉に近いものでもあると、僕は考えています。ユニバーサルな言語コミュニケーションを可能にする音声認識技術と、「世界の旅人」である仮想通貨の技術がタッグを組むことで展望される経済圏の可能性は、とてつもなく大きいと思うのです。僕は、この可能性を含めて《マイニング経済圏》と呼んでいます。

「融通」は言葉によるコミュニケーションを基礎に成り立って来たものだ、と考えることができます。

シェアリング・エコノミーというカンバンを掲げる前から、経済活動の内側にすでにつねに「融通」という――これは日本独自のものかどうか僕にはわかりません――エンジンが稼働していて、それが今さらのようにカタカナ日本語になって出てきましたと、そういうことだと僕は考えたいわけです。

そしてこれをテクノロジーとして実現しなおそうとしているのが――サトシにはじまるブロックチェーン技術によって――法定通貨とパラレルで流通することになった、仮想通貨である。この仮想通貨マインを「使う」ことで、マイニング経済圏を作りだそうとするのが僕の［ＭＩＮＥ構想］ですと。それを言いたくて、ここまで来てしまいました。

さて僕は、スマートな経済エンジンが、いま以上に元気よく回っている２０３０年のマイニング経済圏の夢を見るために、ブレードランナー２０４９のストリーミングボタンをタップして、そろそろ一眠りすることにします。

どうか良い夢が見れますように。お休みなさい。

第5章　章末注釈

【※1】ハプティクス：hapticsは、利用者に「力」、「振動」、「動き」などを与えることで皮膚感覚フィードバックを得るテクノロジーで、触覚技術：haptic technologyとも言う。この機械的刺激をコンピュータシミュレーション内で仮想オブジェクトを作る補助として使うことができ、仮想オブジェクトを制御したり、機械などの遠隔制御（テレロボティクス）を強化したりできる。「視覚におけるコンピュータグラフィックスと同じ役割を皮膚感覚で果たす」と説明されることが多い。ハプティクスを応用したデバイスは、そのインタフェース上にユーザーが与える力を計測するセンサを組み込んでいる場合がある。

おわりに

Initiativeは消えるべきである

この本が日本で出版されるころにも「仮想通貨」をめぐる話題は、さほど変わり映えしていないだろう。いわゆる「取引所」をめぐる話題が、この本に着手し始めたころよりさらに賑やかにマスメディアに躍っているのかもしれない。

２０２０年の東京オリンピックに向けて、ブロックチェーン技術を使う何か新しいプロジェクトが動き始めているということもあるだろうか。

僕はInitiative（イニシアティブ）は取るが、発案した仕組みが動き始めれば、表に出ることはしない。

２００８年のサトシペーパーにも、そういう理念のようなものをずっと感じ続けてきた。今もそれは変わっていない。

サトシについては、いろいろと憶測が飛び交って、それはそれで、読み物ネタとしては面白いかもしれないが、彼が誰であってもかまわない。
ひょっとすると、ある優れたエンジニア集団のグループが日系人名を使ったのかもしれない。どちらにせよ、彼は今の世の中どこにでもいるちゃちゃを入れたがるマスコミや、連邦政府職員の訪問を嫌って消えたのではなく、それが彼のポリシーだから、アルゴリズムにしたがって単純に消えただけだと僕は思っている。

この本を作るにあたって、翻訳を引き受けてくれた中上氏には言い尽くせないほどの御力添えをいただいた。この本は彼との共同著作であるといっても言い過ぎではない。あるときは、これを読めと日本で出版された本を送ってくれ、翻訳ものの場合は原書まで添えてくれた。

おかげで僕は以前よりも漢字に強くなった気がする。

本当はフィリピンのこともっと書きたかったが、日本の読者向けの本としては趣旨がぶれていくことを恐れた。

時差は1時間ほどだが、それよりも、インターネット時間で僕が英語で送りつけるメールのすべてに朝夜なく対応してくれ、互いのメールを目の前にしてネット電話でやりとりすることが数週間、続いた。

そのときの、かなくぎ漢字と英語とカナで書きなぐったメモが、今も机の上に山積みだ。重ねて氏には深く御礼を申し上げたい。

ＭＩＮＥの開発コミュテイの面々には、この場を借りて御礼の気持ちを伝えます。

Salamat.

彼らは最高のエンジニアだ。

さらには僕の「ＭＩＮＥ構想」にかかわる全ての皆さんにも感謝の気持ちをお伝えしたい。

Maraming salamat.

あなたたちがいなかったら僕の夢物語はただの夢で終わっていただろう。

最後に、こんな変わった本の出版を引き受けてくれ、僕と訳者を励ましつづけた冬至書房の皆様、装丁をしてくださったデザイナー、その他、この本の制作に協力してくれた全ての皆さんに御礼を申し上げたい。

本当に、ありがとう。

そして、日本の古き良き時代に詳しい父と、信仰を与えてくれた母に、ありがとうを。

僕がメディアに出るのは、この出版物が最初で最後です。

２０１４年のメール以来、長い付き合いになった中上さんに会うことは、これからもないと思います。

それでは、日本でのＭＩＮＥプロジェクトが、無事進展するよう心から祈っています。

神の御加護を。

ジョージ・Ｓ

２０１８年４月９日　勇者の日に

参考文献――文献リスト作成＝中上分維

ミルトン・フリードマン『貨幣の悪戯』三田出版会
岩村充『中央銀行が終わる日』新潮選書
岩村充『貨幣進化論』新潮選書
加嵜長門＋篠原航『ブロックチェーンアプリケーション開発の教科書』マイナビ出版
岡田仁志『歴史から考察する「貨幣らしさ」の正体――仮想通貨に「信頼」は成立するのか』ダイヤモンド社ハーバードビジネスレビュー
根本忠明『銀行ＡＴＭの歴史』日本経済評論社
「ドスブイパワーレポート」２０１８年1月号　インプレス
原丈人『新しい資本主義――希望の大国・日本の可能性』ＰＨＰ新書
富田公彦『なぜ専門家の為替予想は外れるのか』ぱる出版
吉田繁治『財政破産からＡＩ産業革命へ』ＰＨＰ研究所
副島隆彦『銀行消滅』祥伝社
塩沢由典『複雑さの帰結――複雑系経済学試論』ＮＴＴ出版
井上智洋『人工知能と経済の未来――２０３０年雇用大崩壊』文春新書
新津研一『外国人観光客が「笑顔で来店する」しくみ』商業界
Andreas M. Antonopoulos "Mastering Bitcoin" O'Reilly Media, Inc.,

【著者紹介】

ジョージ・S（George S）

1984年、東京に生まれる。２歳のとき総合商社技術部門で重責を担う父の海外赴任に伴いフィリピンに移住。父の影響で幼少のころからプログラミング言語に親しみＣ言語の手ほどきを受ける。当地の高校３年生（フィリピンの高校は６年制で日本の中学３年生に相当）の時、SNSのプログラムを書きウェブ上に実装、注目される。イーサリアムを使う開発コミュニティ、エンジニアチームのリーダー的存在だが発案者、ビジョニストの立場を守り表に出ることはほとんどない。英語と日本語のバイリンガル。ただし漢字は苦手。母はスペイン系フィリピン人で敬虔なクリスチャン。彼もキリスト教を信仰している。

【訳者紹介】

中上分維（なかがみ・わかしげ）

仮想通貨ICO（Initiative Coin Offering）の世界では知る人ぞ知る存在として活躍中の国際的ディストゥリビューター、プロモーター。ジョージの「MINE構想」の真価を瞬時に理解し、日本での“MINE”ICOを成功に導くべく地下活動中。ジョージとはＴＶ電話で対面したことが一度あるだけだが、ジョージのビジョニストとしての人柄とホワイトハッカー級の技術力に惚れ込み、本書の翻訳を買って出る。

MINE
総時価総額《そうじかそうがく》100兆円《ちょうえん》、利用者数《りようしゃすう》1億人《おくにん》。ついに動《うご》き出《だ》す金融革命《きんゆうかくめい》。
「マイニング経済圏《けいざいけん》」は世界《せかい》を変《か》えるのか

2018年4月26日　初版発行

著　者――ジョージ・S

訳　者――中上分維

発行者――森山鉄好

発行所――冬至書房
〒113-0033　東京都文京区本郷 2-30-14
電話 03-3868-8500　FAX 03-3868-8510

印刷・製本――新日本印刷

ISBN978-4-88582-195-0 C0030　Printed in Japan